Peur du loup,
peur de tout

Béatrice Copper-Royer

Peur du loup, peur de tout

Peurs, angoisses, phobies chez l'enfant et l'adolescent

Albin Michel

Collection « Questions de parents »
dirigée par Mahaut-Mathilde Nobécourt

22, rue Huyghens, 75014 Paris
www.albin-michel.fr
ISBN 2-226-13787-4
ISSN 1275-4390

Sommaire

Introduction 9
1. Les peurs de toujours 13
2. Apprivoiser la peur 27
3. Peurs et angoisses du petit enfant 45
4. Les phobies 71
5. Les peurs et les phobies de la période œdipienne 91
6. Les peurs et les phobies de l'adolescence 117
7. La peur à l'école 151
8. Phobie ou trouble obsessionnel compulsif ? 175
9. De la peur des parents à la peur des enfants 187
10. Quelles approches thérapeutiques ? 207
Conclusion 221

Introduction

La peur est souvent présente dans les propos des enfants et des adolescents que je rencontre en consultation. Ils n'en sont jamais fiers, et s'ils en parlent, c'est en général parce que je les y invite. Le mythe du chevalier sans peur et sans reproche rôde encore dans les esprits : « Même pas peur », dit ce petit garçon de quatre ans à sa mère qui le rattrape par le bras pour l'empêcher de tomber du tabouret où il s'était perché. À travers cette fanfaronnade, il exprime le lien évident qu'il établit entre la peur et le courage, alors que la peur peut être tout simplement une réaction naturelle devant un danger ; elle est alors fort utile puisque c'est elle qui permet de se protéger.

Quand l'enfant dit : « J'ai peur », parfois, c'est aussi pour lui un formidable moyen d'obtenir ce qu'il veut, ou ce qu'il ne veut pas – aller se coucher, par exemple –, comme si ces simples mots avaient le pouvoir d'ébranler les convictions des parents les plus déterminés à faire respecter leur loi.

Et si la résonance de cette toute petite phrase est si forte, c'est qu'elle fait écho chez nous, adultes, aux peurs de notre enfance, bien tapies au fond de notre mémoire, reléguées, oubliées parfois, mais qui ressurgissent face à l'enfant plaintif à la recherche d'un refuge.

L'enfant ne grandit, ne se développe harmonieusement que *s'il se sent en sécurité.* C'est un besoin vital, archaïque pourrait-on dire, que le nourrisson éprouve à peine sorti du ventre de sa mère, comme s'il tentait de retrouver, au moins un peu, le confort placentaire ! D'ailleurs, sans sa mère et sans ses soins attentifs et adaptés, il ne peut rien, il n'est rien : sa dépendance, pendant les premiers temps de sa vie, est « absolue », et ce n'est que peu à peu, à travers de multiples expériences, qu'il va apprendre à se séparer. Mais il ne le fera tranquillement et sans angoisse que s'il a pu au préalable éprouver un sentiment de sécurité intérieure suffisamment solide. En consultation avec les enfants et les adolescents, on voit bien combien ce sentiment est fragile. Il vacille à la moindre secousse et suscite de petites ou de très grandes peurs, quand ce ne sont pas de véritables phobies.

Peur du noir, *peur du loup, peur de tout* de l'enfant de cinq ans en pleine crise œdipienne, peur de quitter ses parents pour aller dormir chez un ami ou partir en colonie, peur d'être ridicule du timide qui n'ose pas ouvrir la bouche et enrage intérieurement d'entendre les autres répondre à sa place, peur de l'adolescent de ne pas réussir à « couper le cordon » avec une mère vénérée en silence, mais agressée à longueur de journée, dans une violence verbale parfois difficilement supportable, peur d'être fou de celui-ci, aux prises avec les transformations pubertaires et les tensions qu'elles créent et qui ne se reconnaît plus, ni dans son corps ni dans sa tête, peur de la rencontre amoureuse de celui-là, qui pourtant fanfaronne devant ses copains, peur de l'échec, de la réussite dans une société qui cultive plus que jamais le culte de la performance... Mais phobies, aussi, de celle-ci qui ne veut plus aller en classe et reste cloîtrée chez elle, de celui-là qui ne mange plus que des aliments blancs, ou de cette autre encore qui ponctue ses journées de vérifications multiples, pour tenter de maîtriser l'angoisse qui la déborde !

Ce sont ces peurs et ces phobies-là que je voudrais évoquer. S'exprimant dans le quotidien des consultations psychologiques, elles sont partagées par un très grand nombre d'enfants et d'adolescents. Elles sont à l'origine de la consultation ou bien se profilent incidemment au cours des entretiens : « On se voit parce que j'ai peur de rester seule à la maison et que cela agace maman », me dit tout de suite Marie, dix ans... Mais c'est au cours des séances que Léa, neuf ans, exprimera la peur très forte que suscite chez elle le comportement d'un frère aîné en pleine crise d'adolescence, et il faudra tout un travail analytique à Marie, vingt ans, pour comprendre que c'est sa peur de réussir là où sa mère a échoué qui l'empêche d'avancer dans son cursus universitaire comme elle le devrait.

La peur a ceci d'intéressant qu'elle est à la fois tout à fait normale – « Tous les hommes ont peur. Tous. Celui qui n'a pas peur n'est pas normal », comme l'écrit Sartre dans *Le Sursis* –, mais que la limite qui la sépare du pathologique est bien mince.

Il y a la peur fugace, le frisson qui s'efface aussi vite qu'il était venu.

Il y a la peur dont on joue, et Dieu sait si les enfants s'y entendent. Ils s'y adonnent avec bonheur, dans leurs jeux, dans les histoires qu'ils lisent ou qu'on leur raconte et dans les films qu'ils regardent et qu'ils aiment parce qu'ils leur parlent de sentiments éprouvés mais qu'ils ont souvent du mal à identifier.

Mais il y a aussi la peur qui devient si forte qu'elle nous donne l'impression qu'on peut en mourir.

Il y a celle qui conduit, devant un danger souvent imaginaire, aux blocages les plus invalidants, aux phobies, qui concernent aussi bien les enfants, les adolescents que les adultes, et dont les mécanismes, nous le verrons, sont complexes. Elle devient alors angoisse, avec son cortège de symptômes et ce sentiment de malaise intense qui ne demande qu'à être soulagé.

Mais comment faire la part des choses entre toutes ces manifestations diverses ? Comment distinguer une peur « ordinaire » d'une phobie, une phobie qui s'inscrit dans le bon développement de l'enfant d'une phobie qui participe d'un fonctionnement déjà pathologique ? Quels sont leurs ressorts ? Quelles attitudes les parents peuvent-ils adopter quand leurs enfants sont confrontés à ce type de situations ? Quand doivent-ils consulter et quelles sont les réponses thérapeutiques dont nous disposons aujourd'hui ? Autant de questions auxquelles je souhaite répondre dans ce livre en apportant l'éclairage de mon expérience de psychothérapeute d'enfants et d'adolescents.

1

Les peurs de toujours

Il est des peurs tapies au fond de chacun de nous qui, même si elles paraissent irrationnelles et sans fondement, semblent venir du plus profond des âges et perdurer malgré le temps et l'évolution des connaissances et des sociétés.

Dans *La Peur en Occident*[1], l'historien Jean Delumeau distingue d'ailleurs les peurs « réfléchies », qui seraient intermittentes, comme la peur des disettes par exemple, et ne toucheraient qu'une partie de la population, les plus pauvres en général, et les peurs « spontanées », que l'on retrouve à travers les siècles et les civilisations – et il cite celles de la mer, de la nuit, des éclipses ou celle des loups.

La peur de la mer

La mer a suscité à travers les siècles la frayeur du plus grand nombre. On la dépeint très souvent « en colère », pleine de « furie ». « Elle gronde et rugit », elle est « l'abîme

1. Jean Delumeau, *La Peur en Occident*, Fayard, 1978.

où vivent Satan, les démons et les monstres ». Ces « exagérations affolantes », Jean Delumeau les explique par la peur de « tout ce qui appartient à un univers différent du sien[1] ».

De nos jours, la mer, devenue un lieu de villégiature privilégié, ferait plutôt rêver. Elle n'en reste pas moins pour beaucoup un objet de fascination : affronter l'océan, vaincre les quarantièmes rugissants... – ces défis mobilisent nombre de marins qui se mesurent dans des courses à la voile souvent très périlleuses. Elle représente un monde inconnu et parfois hostile ou inquiétant, difficile à maîtriser.

C'est d'ailleurs ainsi que la perçoivent les jeunes enfants, autour de deux ans, quand ils approchent du bord de mer. Ils ressentent souvent une appréhension. La mer leur apparaît comme un milieu nouveau, étrange, qu'ils vont apprivoiser peu à peu avec l'aide de leurs parents ou la présence rassurante d'un adulte.

Pour quelques-uns, cependant, elle reste un objet de peur, justement en tant qu'espace inconnu dont ils maîtrisent mal la réalité. Elle peut alors nourrir des fantasmes très inquiétants d'engloutissement ou de dévoration par des animaux d'autant plus dangereux qu'ils sont mystérieux et qu'on ne les voit pas.

Mathias a six ans. Aîné de trois enfants, il est très réservé et craintif. Il a très peur de ce qu'il ne connaît pas. Son entrée à la maternelle a été source d'inquiétude et il lui a fallu plusieurs mois pour surmonter son appréhension. Il s'y est ensuite épanoui normalement. Toutefois, ses parents s'inquiètent car il a très peur de l'eau. Son père, avec beaucoup de patience, lui a appris à nager en piscine, mais il ne veut absolument pas se baigner dans la mer, alors qu'il y va chaque été en vacances. « Quand on insiste, me

1. *Ibid.*, p. 40.

dit son père, il devient pâle, tremble et je me rends compte qu'il a vraiment peur. »

Le travail avec Mathias a consisté, entre autres, à l'aider à exprimer les représentations terrifiantes de son imaginaire. En dessinant et ensuite en élaborant des histoires avec moi, il a pu mettre un peu d'ordre dans ses représentations, ses impressions, et se désencombrer de son angoisse.

La peur de la nuit, la peur du noir

La peur de la nuit fait partie de ces peurs qui perdurent à travers les siècles, quelle que soit l'évolution des connaissances. Dans nos sociétés, le noir n'a pas bonne presse ; il est volontiers associé à des moments angoissants : on a des « idées noires », on « broie du noir », on vit dans une « misère noire » quand il n'y a guère d'espoir, on a une « migraine noire »... « Journée noire », annoncent les journalistes quand une grève menace de perturber le quotidien du plus grand nombre... L'obscurité a, elle aussi, une symbolique inquiétante : c'est à elle qu'on a recours pour décrire les mondes infernaux ; comme c'était déjà le cas dans la Bible, on continue à l'associer à l'idée de la mort. On dit aussi de quelqu'un qu'il est un peu obscur quand on a un doute sur sa personnalité ou son honnêteté. Bref, la nuit et le noir, qui sont dans l'imaginaire des gens étroitement associés aux ténèbres, effraient ou angoissent depuis toujours. Quel est celui qui peut dire qu'il n'a jamais ressenti de peur ou d'appréhension, même fugace, quand le soir vient et que la lumière du jour laisse place aux ténèbres ? Les médecins ou les infirmières des services hospitaliers savent bien que l'angoisse des malades est plus forte le soir, quand vient le moment d'éteindre les lumières. L'obscurité renforce alors le sentiment de solitude déjà très présent chez eux.

Jean Delumeau le confirme : la nuit a toujours été l'objet de fantasmes très inquiétants, d'abord associés aux dangers objectifs des attaques des bêtes féroces. Pour les hommes des premiers âges, l'obscurité, qui les rendait aveugles à l'approche des fauves, recelait une réelle menace : « Ces peurs qui revenaient chaque soir ont sans doute sensibilisé l'humanité et lui ont appris à redouter les pièges de la nuit[1]. » Ce risque a disparu, mais la nuit continue d'inquiéter, et tous les néons des grandes villes n'y peuvent rien changer.

La peur de la nuit, la peur du « noir », existe bien sûr chez les enfants. Mais cette peur-là ne leur vient pas tout de suite : avant la fin du premier mois, ils ne distinguent pas le jour de la nuit. Quand ils commencent à entrevoir la différence, plutôt que l'obscurité en elle-même, c'est le temps de séparation avec leur mère qui les effraie.

C'est vers deux ans que la nuit en tant que telle devient source d'angoisse. C'est l'âge du « tout est possible » et des premières désillusions. Son autonomie toute nouvelle – il marche, court, grimpe, a compris qu'il pouvait aussi dire non – fait croire à l'enfant que l'horizon n'a plus de limites et qu'il a un pouvoir sur l'adulte, mais il est par moments brutalement confronté à la triste réalité de son impuissance : il tombe, se fait mal, n'est pas compris dans l'instant, est interrompu dans son jeu... Il enrage, proteste, fait des colères, nourrit pour ses parents des sentiments pleins d'ambivalence et ensuite se sent très coupable et horriblement malheureux. Intérieurement, il pense légitime d'être puni et ses nuits sont alors pleines de menaces et de repré-

1. *Ibid.*, p. 90.

sailles qui le réveillent en sursaut ou peuplent ses cauchemars...

Le fait que l'enfant n'ait plus, dans le noir, la même représentation du temps et de l'espace suscite alors chez lui une inquiétude qui peut aller jusqu'à la vraie terreur. Quand je demande à Sébastien, cinq ans, pourquoi il a peur du noir, il me répond tout simplement : « Mais c'est qu'on n'y voit rien... » Privé au moins partiellement de sa vision, l'enfant a peur parce qu'il se sent totalement impuissant face à un élément menaçant pour lui et sur lequel il n'a aucune maîtrise. D'autant qu'il est aux prises avec une vie imaginaire riche, que vient alimenter le manque de repères familiers et rassurants ! Dans la littérature, on trouve maintes descriptions de cette peur des ténèbres qui apparaît alors, mais c'est sans doute Victor Hugo qui, dans *Les Misérables*, a dépeint le mieux la terreur de l'enfant, celle de Cosette contrainte d'aller chercher de l'eau pour les Thénardier au-delà du village : « Cependant, à mesure qu'elle avançait, sa marche se ralentissait comme machinalement. Quand elle eut passé l'angle de la dernière maison, Cosette s'arrêta... L'espace noir et désert était devant elle. Elle regarda avec désespoir cette obscurité où il n'y avait plus personne, où il y avait des bêtes, où il y avait des revenants... Le frémissement nocturne de la forêt l'enveloppait tout entière. Elle ne pensait plus, elle ne voyait plus. L'immense nuit faisait face à ce petit être. »

L'enfant ne fait pas encore bien la différence entre son monde interne et le monde externe. L'illusion prend souvent le pas sur la réalité : pour peu qu'il ait regardé une image inquiétante à la télévision ou qu'on lui ait raconté une histoire un peu dérangeante, le moindre craquement de plancher peut devenir le signe « qu'un gros monstre m'attaque », les froissements du rideau ou les jeux d'ombre et de lumière, « qu'un fantôme est rentré par la fenêtre »...

L'obscurité lui fait peur parce que, comme la mer, elle est l'objet de représentations floues, peuplées d'êtres à mi-chemin entre imaginaire et réalité, araignées, chauves-souris, mais aussi fantômes, monstres, loups. Parfois, il nomme très directement la peur à laquelle elle est associée : « La nuit, j'ai peur des monstres », dit avec obstination ce petit garçon de quatre ans que ses parents tentent de raisonner... Mais il ne sert à rien de rationaliser ce qui ne l'est pas, ni de banaliser à outrance, car ce serait en quelque sorte nier une émotion que l'enfant ressent réellement... Mieux vaut insister sur l'efficacité de la présence rassurante de l'adulte, le plus souvent la mère ou le père qui, dans la tête de l'enfant jeune, doit être le gardien d'un sommeil paisible.

Certains enfants, par exemple, exigent une lumière dans leur chambre, ou dans une pièce voisine, parfois à l'occasion d'un déménagement ou d'un changement dans leur vie. Bien des parents font preuve de compréhension, avec raison, car cette exigence, très courante et qui s'intensifie vers quatre-cinq ans, au cours de la période œdipienne, peut céder rapidement.

Elle peut aussi durer tout au long de l'enfance pour ne disparaître qu'avec l'adolescence :

> Vincent, onze ans, qui consulte pour un ensemble de difficultés de comportement, a commencé à avoir peur du noir à l'âge de trois ans, quand il est entré à l'école maternelle. À partir de ce moment-là, il a exigé que sa mère lui laisse la lumière allumée dans le couloir. Au fil des années, sa peur, loin de diminuer, n'a fait qu'augmenter et, quand je le reçois, il lui faut pour dormir la lumière dans sa chambre et le bruit de la radio.
>
> Il est le dernier d'une fratrie de trois, très « protégé » par sa mère

d'un père sévère et exigeant, et cette peur est en fait associée chez lui à une très forte angoisse de séparation.

Elle est alors en effet souvent associée à d'autres peurs, qui ont toutes, comme chez Vincent, un lien avec l'angoisse de séparation ou de destruction, nous le verrons plus loin. Michel Zlotowicz, chercheur au CNRS, qui a fait une étude sur les peurs enfantines, le confirme : « L'obscurité est non seulement liée à l'expérience de la séparation, qui à son tour la peuple d'images d'enlèvement, mais elle est aussi le lieu de la détresse et des pensées de destruction associée au sentiment de fragilité qu'actualise cette détresse[1]. »

La peur des éclipses

Liée à la peur du noir, « la crainte de voir le soleil disparaître à jamais de l'horizon a hanté l'humanité[2] ». La peur des éclipses a toujours inquiété les populations : « Celle du 12 août 1654 suscita une véritable panique européenne parce que des écrits astrologiques avaient multiplié auparavant de sombres prédictions[3]. » Beaucoup plus près de nous, on se rappelle les innombrables commentaires qu'a provoqués l'éclipse d'août 1999 et les catastrophes annoncées par bon nombre d'astrologues ou de voyants... Les craintes suscitées par ce genre de phénomènes, parmi lesquels on peut aussi citer le passage de comètes, proviennent surtout de leur rareté et sont la trace des superstitions qu'ils ont éveillées dans un temps où on ne savait pas comment les expliquer. Elles sont totalement irrationnelles puisque,

1. Michel Zlotowicz, *Les Peurs enfantines*, P.U.F., 1974, p. 93.
2. Jean Delumeau, *op. cit.*, p. 88.
3. *Ibid.*, p. 70.

au contraire d'autres événements naturels tels que les crues de rivières, les inondations, les orages et tempêtes, les tremblements de terre, ils n'ont jamais provoqué aucune catastrophe... Même largement expliqués, ils n'en restent pas moins inquiétants. Là aussi, il importe surtout de sécuriser l'enfant qu'ils peuvent effrayer.

La peur du loup

Nous avons tous en tête de ces comptines fredonnées de génération en génération : « Qui a peur du grand méchant loup, c'est pas nous... », ou encore : « Promenons-nous dans les bois pendant que le loup n'y est pas... » La tradition orale représente de façon constante le loup comme un dévoreur d'hommes, de femmes, mais surtout d'enfants, comme l'explique Geneviève Carbone, auteur d'un bel ouvrage sur *La Peur du loup* : « La peur, celle qui accuse le loup, qu'il soit coupable ou non, hante les mémoires, se nourrit de rumeurs et meuble les veillées de longs récits d'horreur. Cette peur se raconte dans la représentation d'un loup mangeur d'hommes, grand dévoreur de femmes, d'enfants et de cadavres, quittant sa retraite, par temps de guerre, de famine, de misère, affamé, furieux ou enragé, pour menacer la sécurité de tous jusqu'aux portes des villes[1]. » Selon l'auteur, cette tradition prend ancrage sur une réalité : jusqu'au XIXe siècle, les loups affamés par des hivers rigoureux entraient dans les cours des fermes pour se nourrir et dévoraient les troupeaux... « Le loup vient ! À ce cri, hommes et femmes, armés de ce qu'ils ont, de leur peur ou de leur courage, iront "courir le loup" ou se claquemurer. Car le loup qui terrorise la cam-

1. Geneviève Carbone, *La Peur du loup*, Découvertes Gallimard, p. 13.

pagne est celui dans lequel on reconnaît les stigmates de la “fureur”, c'est-à-dire de la rage[1]. »

De nombreux auteurs ont utilisé dans leurs récits le thème du loup dévoreur, devenu le héros de contes. Le plus illustre est *Le Petit Chaperon rouge*, écrit par Charles Perrault en 1695 et repris par les frères Grimm en 1812. La petite fille dont Charles Perrault raconte l'aventure n'est nullement effrayée par le loup qu'elle rencontre au détour du chemin en allant chez sa grand-mère : confiante, elle s'amuse, gambade, cueille des fleurs et mange des noisettes... et arrivée au terme de sa promenade, toujours innocente et ignorante du danger, elle se fait dévorer par le loup rusé qui s'est déguisé en Mère-grand. Les frères Grimm introduisent une variante puisque la petite fille est une désobéissante qui aurait mieux fait d'écouter sa maman ! Quoi qu'il en soit, la morale de l'histoire est la même : « Apprenez à être prudents, méfiez-vous des inconnus, même s'ils sont gentils, même s'ils ont bonne figure ! », dit-elle aux enfants, aux petites filles surtout.

Dans d'autres contes, pourtant, le loup est moins rusé, il est même celui dont on rit tant il est sot. C'est le cas dans *Le Roman de Renart* : le pauvre Ysengrin est malmené par Renart, habile et futé, qui lui joue mille tours et va jusqu'à lui faire perdre sa queue dans la glace de l'étang : « Renart reprend lestement son chemin, laissant là Ysengrin pris au piège, tirant de droite et de gauche. De toutes ses forces, il tire, tire, au risque de se déchirer le cuir. S'il veut partir de là, nul doute qu'il lui faudra renoncer à sa queue... »

Il ne s'en sort pas mieux dans *Les Trois Petits Cochons*, du moins dans la version anglaise du XIXe siècle : il mange les deux premiers cochons dont il a écrasé les maisons de paille

1. *Ibid.*, p. 25.

et de branches, mais il finit dans la marmite du troisième et lui sert de souper. La moralité est cependant la même que celle du *Petit Chaperon rouge* : seuls le travail et la prévoyance assurent la survie !

Les dessins animés, qui mobilisent avec bonheur l'imaginaire des jeunes spectateurs, ont montré des loups gentils qui ont bien du mal à convaincre leurs proches de leurs bonnes intentions. C'est le cas du brave loup de Tex Avery, « the Good Wolf ». Là encore, derrière les facéties du loup, se cache une morale, celle des apparences trompeuses : il a l'air méchant, mais, en réalité, il n'y a pas plus brave et gentil !

Tout cela n'empêche pas que, dans le monde intérieur des enfants, la peur du loup garde une place privilégiée. Elle reste chez eux incroyablement vivante et solidement ancrée dans leurs représentations imaginaires.

Roman, quatre ans, est un petit garçon vif et curieux. Fils unique, il est très stimulé par ses parents qui lui parlent beaucoup et prennent beaucoup de plaisir à lui raconter des histoires. Il s'exprime donc très bien. La nuit, son sommeil est souvent perturbé par des cauchemars qui le réveillent et réveillent par la même occasion ses parents qui consultent parce qu'ils commencent à être fatigués.

Il me raconte un de ses rêves avec un grand plaisir et beaucoup d'excitation : « Il y avait un loup, mais très très gros, tu sais, vraiment énorme, et tout d'un coup je l'ai vu, il voulait me manger, mais il m'a pas mangé, mais j'avais très peur qu'il me saute dessus... »

Roman exprime bien dans ce rêve les représentations qu'inspire cet animal terrifiant : il dévore, donc menace l'intégrité physique, il est imprévisible, presque invisible dans l'obscurité de la nuit, et il apparaît « tout d'un coup ». Son attaque laisse l'enfant impuissant, comme il est impuissant et désemparé face aux émotions qui l'envahissent !

Et ceux qui ne rêvent pas du loup n'en ont pas moins dans leurs dessins une représentation très menaçante, avec sa gueule énorme, ses grandes dents, ses oreilles pointues, « un peu comme un "vrai" diable », me dit Suzanne, cinq ans. Pour ceux-là, la représentation du loup s'apparente sans doute à celle des « monstres » en général qui, quant à eux, revêtent des formes différentes en fonction du moment.

La peur des monstres

Dragons, sorcières, robots, fantômes, crocodiles, dinosaures... chaque époque véhicule son lot de nouvelles figures terrifiantes. Ils s'inspirent des histoires de toujours auxquelles se mêlent celles plus contemporaines que lisent les parents ou, surtout, que les enfants eux-mêmes regardent à la télévision, dans les dessins animés qu'ils affectionnent.

Quelles que soient les époques et les apparences qu'ils revêtent, les monstres sont tout-puissants, invincibles, et règnent sur le monde. Ils sont dotés de pouvoirs magiques qui leur permettent d'anéantir les plus forts, ce qui, pour un enfant, habité par des fantasmes de toute-puissance mais en butte à sa propre impuissance, est à la fois très excitant et très inquiétant.

Quand ils évoquent ces êtres étranges, souvent à mi-chemin entre l'homme et la bête, ou encore proches d'une machine très sophistiquée, les enfants jeunes donnent l'impression de ne pas trop savoir s'ils n'existent pas vraiment dans la réalité : « Un ogre ça n'existe pas, ça, je le sais, mais quand ça existe, ça peut écraser tout le monde », m'explique, avec une fébrilité qui fait se bousculer les mots dans sa bouche, Alexis, trois ans, qui a du mal à accepter son petit frère et nourrit vis-à-vis de lui force agressivité. « Je sais bien que les vampires c'est des histoires qu'on raconte pour nous faire peur, mais j'en ai vu un dans un film et après j'ai pas pu dormir », dit Aurélie, dix ans.

Comme le loup qui sort du bois quand on ne s'y attend pas et qui rôde la nuit, le monstre, qu'il soit fantôme, robot ou bête féroce, fait d'autant plus peur qu'il est le plus souvent, dans l'imaginaire des enfants, associé aux ténèbres. Si elles sont là pour incarner bon nombre d'inquiétudes de l'enfant, toutes ces créatures sont surtout vécues comme violant la sécurité de leur foyer et leur tranquillité intérieure. Dans la solitude de la nuit, leur détresse peut alors être immense, étroitement liée à cette angoisse de destruction et de séparation sur laquelle nous reviendrons.

Le monstre fait toujours peur, il est souvent laid. Mais on peut aussi, pour combattre son angoisse, le ridiculiser, comme dans le livre d'Henriette Bichonnier, *Le Monstre poilu* : « Au milieu d'une sombre forêt, dans une caverne humide et grise, vivait un monstre poilu. Il était laid ; il avait une tête énorme, directement posée sur deux petits pieds ridicules, ce qui l'empêchait de courir... Le monstre avait des poils partout : au nez, aux pieds, au dos, aux dents, aux yeux et ailleurs... Ce monstre-là rêvait de manger des gens... mais comme il ne pouvait pas courir à cause de ses petits pieds ridicules, il n'attrapait jamais personne[1]... »

On peut encore s'identifier à lui :

Jonas, cinq ans, consulte pour une grande anxiété. Au cours de sa thérapie, son monstre prend la forme d'un crocodile. Grâce à lui, Jonas, qui vit mal sa position de second dans une fratrie de trois garçons et qui est en grande rivalité avec son frère aîné, va

1. Henriette Bichonnier, *Le Monstre poilu*, Gallimard, Folio benjamin, 2001.

pouvoir dominer et régner en maître sur cette cellule familiale qui le contraint et l'inquiète. Chaque semaine, pendant une année scolaire, les aventures du crocodile triomphant, auquel il s'identifie avec bonheur, l'aident à surmonter son angoisse, à dépasser ses peurs et à lui faire mieux accepter sa place de cadet.

2

Apprivoiser la peur

Toutes les peurs ne sont pas nuisibles et invalidantes. Il en est d'utiles qui aident l'enfant à se construire et à se développer harmonieusement : sans la peur, l'enfant mettrait sa main dans le feu, escaladerait le balcon, partirait avec n'importe quel étranger, risquerait de se faire mordre par le chien qu'il ne connaît pas, bref, ferait fi du danger. Pourtant, la peur fait partie des émotions que les parents n'aiment pas retrouver chez leur enfant, surtout à notre époque où, adulé, il doit être « parfait »...

« Il n'a peur de rien ni de personne... », me dit fièrement ce père en parlant de son fils de cinq ans qui, pourtant, lui pose quelques soucis car son intégration en grande section de maternelle ne se fait pas sans mal. Kevin ne respecte ni sa maîtresse ni ses petits camarades et ne craint ni réprimandes ni punitions.
Son père traduit ce comportement de résistance aux règles de vie sociale et aux consignes en tout genre comme une preuve de caractère. Pourtant, on le voit bien, un peu de peur, peur de la loi symbolique du père, aiderait ce garçon à grandir, à se socialiser, à vivre mieux avec les autres. Peut-être attend-il justement de ressentir cette émotion, même pas une grande frayeur, juste un léger frisson, pour être capable de s'intégrer au groupe et de poursuivre tranquillement son chemin.

La peur est utile. Selon D. W. Winnicott[1], le petit enfant doit être capable de l'éprouver ; s'il ne le peut pas, c'est qu'il est malade. Dans *L'Enfant et ses peurs*, Ania Beaumatin et Colette Laterrasse insistent, elles aussi, sur la fonction constructrice de la peur : « Il serait erroné de croire que toute peur est néfaste et doit être épargnée aux enfants car elle peut être plus constructrice que destructrice[2]. » Les enfants eux-mêmes le savent et, pour cela, ils tentent de l'apprivoiser. Ils aiment les récits effrayants, jouent à se faire peur, jusqu'à devenir, plus grands, friands de films catastrophes ou de films d'horreur.

Au début de sa troisième année, avec une plus grande maîtrise du langage et l'accès à sa fonction symbolique, l'enfant parvient peu à peu à mettre à distance ses émotions : mettre en mots permet de se dégager, d'extérioriser une angoisse sourde et diffuse par une émotion précise et repérable. Il va en « jouer » de différentes manières : en écoutant des histoires, en regardant un dessin animé, en assistant à un spectacle de guignol... On voit bien en observant un enfant de trois ou quatre ans dans un théâtre de marionnettes à quel point il s'identifie au personnage, hurlant, vibrant, parfois pleurant de peur quand l'émotion trop forte efface l'aspect ludique du spectacle. Mais il en redemande, car c'est la confrontation répétée à ces scénarios effrayants qui va lui prouver qu'il est capable de faire face à son émotion, qu'il maîtrise la situation, bref qu'il n'est pas du tout dépassé par les événements.

1. Donald W. Winnicott, *L'Enfant et le Monde extérieur*, Payot, « Sciences de l'homme », 1988.
2. Ania Beaumatin, Colette Laterrasse, *L'Enfant et ses peurs*, Milan, Les Essentiels, 1998.

Les contes

Les enfants aiment les contes car ils parlent de ce qui leur fait peur et ils reconnaissent leurs émotions à travers l'histoire merveilleuse et terrifiante qu'ils écoutent, tranquillement installés sur les genoux d'un père, d'une mère, d'un grand-parent, ou bien encore dans un contexte thérapeutique, quand ils participent à des ateliers où le conte est utilisé, comme le dessin ou le théâtre, comme outil pour exprimer des affects. Par un détour féerique, le conte aide l'enfant à accepter des réalités pas toujours agréables ou à comprendre une émotion ressentie, mais mal élucidée. Il est aussi pour l'adulte une façon d'extérioriser définitivement ses peurs d'enfants.

Dans un recueil d'articles sur *Le Conte et la Psychanalyse*, Christophe Carlier en parle ainsi : « À mi-chemin entre la parole et l'écriture, entre la création savante et la naissance populaire, le conte est également à mi-chemin entre le merveilleux et la contestation de ce merveilleux, entre le principe de plaisir et le principe de réalité. Car s'il nous fait entrevoir les contours d'un univers imaginaire, c'est d'abord pour nous faire une place au cœur de notre monde[1]. »

L'abandon et la séparation sont des thèmes récurrents dans les contes car ils font écho à deux formes d'angoisse que l'on retrouve avec une grande fréquence chez les enfants. Le développement même du jeune enfant fait qu'il doit surmonter des épreuves de séparation et apprendre peu à peu la capacité d'être seul. Dans certaines circonstances de sa vie, un deuil, la maladie – la sienne ou celle d'un de ses parents –, il peut éprouver un sentiment d'abandon

1. Christophe Carlier, « Le conte à rebours : radiographie d'un genre », in *Les Contes et la Psychanalyse*, Centre culturel international de Cerisy.

encore beaucoup plus angoissant. Pour certains, le cheminement est long et douloureux.

Les contes évoquent toutes ces peurs, mais leur dénouement est le plus souvent merveilleux, que ce soit par la magie d'une fée, la ruse d'un animal doté de pouvoirs magiques ou encore, tout simplement, l'intelligence d'un enfant. Le psychanalyste Bruno Bettelheim a montré que les contes constituaient une formidable richesse pour les enfants, une vraie chance pour eux de comprendre un peu mieux leur vie intérieure. Il répondit ainsi à ceux qui pensaient que de tels dénouements magiques pouvaient tromper l'enfant et induire chez lui, après coup, quelques désillusions : « [...] cela conduirait au désenchantement si ces promesses étaient présentées comme quelque chose qui devait se passer dans l'environnement de l'enfant. Mais le conte commence et finit au pays des fées, un domaine où l'on ne peut pénétrer que par l'imagination... Le conte de fées fait espérer à l'enfant qu'un jour le royaume lui appartiendra... Les contes lui disent que des forces magiques viendront l'aider[1]... »

L'histoire du Petit Poucet est ainsi exemplaire : un pauvre petit garçon entend un soir ses parents nourrir à son encontre et à celle de ses six frères un funeste projet : n'ayant plus d'argent pour les nourrir, ils vont les abandonner dans la forêt. Ce petit garçon, le plus jeune, « le souffre-douleur », « pas plus haut qu'un pouce », va, par sa malice, non seulement échapper à tous les dangers, mais en plus, par la magie des bottes d'un ogre, s'en revenir chez ses parents riche et triomphant.

On voit bien que ce récit fait écho chez l'enfant à tout ce qui peut le faire souffrir au cours de son développement : angoisse de séparation, menace d'abandon, sentiment d'im-

1. Bruno Bettelheim, *Psychanalyse des contes de fées*, Robert Laffont, 1976.

puissance, désir de toute-puissance... Tout peut en effet se dire dans le conte, c'est le monde du « tout est possible », si proche de l'univers de l'enfant. Ce qu'il n'ose pas penser, l'irreprésentable, est tout à coup représenté, par le détour d'une histoire merveilleuse, terrifiante, mais aussi enthousiasmante dans son épilogue. Il a peur avec le Petit Poucet, mais il applaudit à son exploit : ce petit garçon, c'est un peu lui et c'est pour cela qu'il s'y retrouve pour son plus grand plaisir !

Bruno Bettelheim reconnaît aussi une fonction thérapeutique aux contes de fées : ils ont comme principal intérêt de « poser des problèmes existentiels en termes brefs et précis[1] ». Le fait que les personnages des contes soient décrits de façon très caricaturale – ou très gentils ou très méchants et non pas dominés par l'ambivalence de sentiments comme nous tous – est mieux adapté à la compréhension de l'enfant, pour qui l'ambivalence est une notion trop abstraite et complexe. Cette simplification lui permet de reconnaître plus facilement le bien du mal, les bons des méchants, l'intelligent de l'idiot, et assure une identification rapide et massive au gentil héros.

Bruno Bettelheim prend, entre autres, l'exemple de Cendrillon qui illustre pour lui parfaitement la rivalité fraternelle qui taraude si fréquemment les enfants : « Aucun conte de fées ne traduit mieux que Cendrillon dans toutes ses versions les expériences vécues par le jeune enfant en proie aux affres de la rivalité fraternelle, quand il se sent désespérément surclassé par ses frères et sœurs. » « Les enfants de nos jours, ajoute-t-il, ne grandissent plus dans la sécurité d'une famille extensive, ni dans les communautés bien intégrées. Il est donc important, beaucoup plus qu'à l'époque où les contes ont été inventés, de procurer à l'enfant

1. *Ibid.*

moderne des images de héros qui doivent s'aventurer tous seuls dans le monde et qui, sans savoir au départ comment leurs aventures finiront, découvrent des endroits où ils se sentent en sécurité, tout en suivant le droit chemin avec une confiance solide[1]. »

Le phénomène Harry Potter

Depuis près de cinq ans, un nouveau personnage, Harry Potter, fait le bonheur des enfants et des jeunes adolescents du monde entier : plus de 120 millions de livres vendus à travers deux cents pays dans le monde... Porté à l'écran, le film *Harry Potter à l'école des sorciers* a fait un malheur aux États-Unis avant que son succès ne déferle sur l'Europe.

Pourquoi un tel engouement ? Sans doute parce que l'auteur, Joanne Kathleen Rowling, sortant de la littérature réaliste proposée ces dernières années aux enfants, a su faire de son récit un véritable conte de fées dont le héros, un garçon de onze ans, orphelin mais doté de pouvoirs magiques, est un modèle identificatoire idéal pour les jeunes lecteurs : ils se retrouvent avec délice dans ses émotions. La peur, la solitude, l'ambivalence dans les rapports amicaux parfois compliqués, la compétition, la rivalité, tous ces sentiments qui sont l'ordinaire de leurs émotions et les font souffrir, Harry Potter les connaît, mais sa force magique lui permet de vaincre les plus forts envers et contre tous. Les enfants, là encore, sont dans le monde du « tout est possible » qui les fascine tant. Leur imaginaire, mobilisé par une action très rapide, leur fait croire un moment qu'eux aussi vont triompher de tous leurs démons

1. *Ibid.*

et leur laisse espérer qu'ils sauront accéder un jour à l'univers des adultes.

Bon nombre d'enfants rencontrés en consultation m'ont parlé de Harry Potter. Pour certains, c'était le premier livre « sérieux » qu'ils lisaient et qui leur plaisait, ils étaient surtout fiers d'être arrivés avec plaisir au bout de toutes ces pages. Pour d'autres, rompus aux joies de la lecture avant *Harry Potter*, c'était la rencontre avec un héros en si forte résonance avec leur monde interne qui les transportait d'enthousiasme.

Ainsi Gaëlle, dix ans. Enfant unique et précoce, elle devait faire face dans sa vie scolaire, mais aussi dans ses activités artistiques et sportives, à des exigences parentales exorbitantes et qui semblaient toujours insatisfaites malgré ses succès et ses louables efforts.
À l'époque où nous nous voyions, elle terminait le deuxième tome de *Harry Potter*. On sentait bien, quand elle m'en parlait, combien elle enviait la toute-puissance du jeune sorcier qui pouvait se venger de tous les persécuteurs, elle qui ne pouvait, pour l'heure, et pour longtemps encore, échapper aux obsessions parentales qu'elle vivait, à juste titre, comme des persécutions et qui nourrissaient la grande anxiété pour laquelle, sur les conseils de leur médecin, ils avaient consenti un moment qu'elle consulte.

Bruno Bettelheim aurait sans doute trouvé dans la lecture de *Harry Potter* un nouveau conte de fées car ce qu'il écrit me paraît tout à fait correspondre à ce nouveau personnage : « Les contes de fées rassurent les enfants en leur montrant que, finalement, ils peuvent être plus forts que les géants, c'est-à-dire qu'ils peuvent grandir et être eux-mêmes comme des géants et acquérir les mêmes pouvoirs[1]. » C'est cette assurance-là qui enthousiasmait Gaëlle

1. *Ibid.*

et la faisait attendre fébrilement la suite des aventures du jeune sorcier.

Les livres qui font peur

Harry Potter fait bel et bien rêver les enfants qui m'en parlent et c'est l'aspect merveilleux, magique, du conte qui lui vaut tant d'enthousiasme. D'autres livres pour enfants mobilisent plus directement le mécanisme de la peur. Les éditeurs ont bien compris le ressort puissant de cette émotion dans l'enfance et l'adolescence et ont multiplié les collections sur ce thème : de la série « Fantômes » pour les très petits, en passant par les séries « Panique » et « Fais-moi peur », sans oublier la célèbre « Chair de poule », une kyrielle de titres sont proposés.

Dans ces livres, monstres, squelettes, morts-vivants, fantômes, vampires font frissonner les jeunes lecteurs qui d'ailleurs les lisent pour cela ! Bien évidemment, c'est une façon pour eux d'exorciser leurs propres peurs, de s'y confronter, mais « pour de faux », puisque l'on peut, à tout moment, tourner la page ou aller se réfugier, par exemple, dans les bras consolateurs d'un de ses parents...

L'enfant n'est pas dupe, mais grâce à ces lectures il se « vaccine » contre des émotions qu'il ne manquera pas de connaître tôt ou tard.

Les adolescents sont eux aussi friands de ce genre de littérature et se complaisent souvent dans le spectacle de films d'horreurs. Leur attirance, parfois leur fascination pour le morbide, s'explique par les interrogations métaphysiques qui se posent à cet âge. La question de la mort est en effet très présente à l'adolescence, leur propre mort et celle des autres. Elle est en lien avec les nombreux réaménagements enclenchés par la puberté, à commencer par les rapports avec leurs parents qui tombent alors de leur piédestal et dont ils cherchent à se dégager à tout prix, ce que Winnicott nomme le « meurtre parental symbolique ». S'ils sont dans la conquête, ils sont aussi dans le renoncement et cela ne se passe pas sans peur et sans tiraillements.

Ils ont compris l'irréversibilité de la mort et cela les angoisse : ils cherchent alors à se la représenter par des symboles, par des images, comme pour mieux la maîtriser, l'exorciser : leur attrait particulier pour les films d'horreur, violents ou morbides, est pour eux une façon de se prémunir devant une expérience qu'ils savent inéluctable. Cela est rendu possible par le fait qu'elle n'est encore envisagée par eux que dans un avenir vague et lointain, et qu'à leur âge domine surtout un sentiment d'invulnérabilité.

Jouer pour se faire peur

Le jeu fait partie intégrante de la vie de l'enfant. Il a une vraie fonction structurante pour lui, qui joue par plaisir bien sûr, mais qui charge aussi cette activité de fantasmes et de scénarios très riches. Il y exprime toutes sortes d'émotions parmi lesquelles l'angoisse et la peur ont une place privilégiée.

Dans son livre sur *La Peur face à la psychanalyse*, Jacques Sédat parle d'un « besoin » de peur chez l'enfant : « Il y a un besoin de peur qu'on retrouve soit dans les jeux de l'enfant qui dit à ses camarades ou à des adultes "fais-moi, peur", soit dans les sciences-fictions, dans des romans, dans des rites[1]. » Dans ses jeux en effet, l'enfant revit des situations qui ont suscité chez lui des émotions pénibles comme se

1. Jacques Sédat, « La peur face à la psychanalyse », in *Recherches et débats*, Desclée de Brouwer, 1979, p. 107.

séparer de sa mère, affronter des enfants du même âge, se retrouver seul dans un endroit qui l'inquiète, supporter l'agressivité d'un grand frère ou la présence d'un plus petit... La peur qu'il éprouve à ce moment, à la fois redoutée et attendue, joue un rôle libérateur et l'aide à dépasser ses inquiétudes intérieures, qu'il a d'ailleurs souvent bien du mal à nommer ou à identifier.

Avant que le psychanalyste anglais D. W. Winnicott ne déclare : « Dans le jeu d'un enfant, l'angoisse est toujours un facteur », le philosophe Kierkegaard avait remarqué à quel point elle y participait : « Si l'on observe les enfants, on trouvera cette angoisse plus nettement caractérisée comme une recherche du fantastique, du monstrueux, de l'énigmatique... Cette angoisse est tellement essentielle à l'enfant qu'il ne veut pas la fuir ; elle a beau l'inquiéter, elle le captive pourtant de ses doux tourments[1]. »

Comme la lecture, le jeu l'aide à maîtriser une situation qui l'inquiète. On peut l'observer même chez des enfants très jeunes qui l'utilisent comme un mécanisme de défense inconscient. Freud a décrit dans *Au-delà du principe de plaisir*[2] le cas d'un enfant de dix-huit mois qui, en faisant apparaître et disparaître une bobine attachée à une ficelle, parvenait à supporter « le départ de sa mère sans manifester d'opposition ». Cette expérience lui permettait de passer d'une position passive où il subissait l'absence de sa mère, à une position active où il mettait en scène lui-même une disparition et un retour. Et s'il répétait cette situation vécue comme déplaisante, c'est qu'il acquérait par son activité « une maîtrise bien plus radicale de l'impression forte qu'il ne le pouvait en se bornant à l'éprouver passivement[3] ».

1. Sören Kierkegaard, *Le Concept d'angoisse*, Librairie Félix Alcan, 1935, p. 84.
2. Sigmund Freud, « Au-delà du principe de plaisir », in *Essais de psychanalyse*, Petite Bibliothèque Payot, 1982.
3. *Ibid.*, p. 78

Freud en a déduit que l'enfant obtient un gain de plaisir important dans ce jeu répété, dont il peut ne pas se lasser !

On peut repérer le même genre de comportement chez un enfant d'environ un an que son père prend dans les bras et fait sauter en l'air : ses cris sont à la fois de peur et de joie. Il appréhende le moment où il ne sent plus les bras protecteurs, il a peur bien sûr de la chute, mais il anticipe et éprouve aussitôt le plaisir de se retrouver finalement en lieu sûr et d'avoir surmonté ce mauvais moment ; il en redemande, et cette répétition le fait souvent rire aux éclats car c'est elle qui rend la maîtrise de l'émotion plus efficace. (Cela étant, les pères ne se rendent pas toujours compte que la force avec laquelle ils élancent le bébé peut avoir pour conséquences des hématomes dans la boîte crânienne, non sans séquelles, graves parfois. C'est ce qu'on appelle le syndrome du bébé secoué. Il faut être extrêmement vigilant. Il y des manières moins risquées de jouer avec lui à se faire peur !)

En effet, la répétition du jeu ou d'une histoire est une source de plaisir pour l'enfant qui contrôle de mieux en mieux l'expérience pénible et s'en grise... On le constate tout au long de son développement, dans les multiples jeux qu'il apprécie à l'épreuve de sa peur. Les tout-petits déjà, dans les jeux de « coucou le voilà », s'exercent à l'expérience de séparation qui les angoisse tant. Cela se prolonge dans les jeux de cache-cache qui s'élaborent tout au long de l'enfance et qui ont bien pour fonction de maîtriser la peur fondamentale de se retrouver seul. De même dans les jeux de chat où l'on tente d'échapper à l'agresseur susceptible de vous priver de liberté.

Un garçon de neuf ans, plutôt craintif, à qui je demandai à quoi il aimait jouer à la récréation, me répondit : « Au jeu de l'araignée. » En fait, il s'agissait de s'attraper, un peu comme à chat, mais la symbolique de l'araignée, très souvent perçue comme un animal dégoûtant, voire menaçant, était pour lui plus chargée d'angoisse et du coup donnait plus de piment au jeu.

Se cacher pour faire peur à ses parents peut aussi être une source de grand plaisir pour les enfants petits, qui inversent alors l'angoisse d'abandon. Le spectacle de leurs parents partant à leur recherche les réjouit infiniment, comme si voir l'inquiétude chez d'aussi grandes personnes était très rassurant.

Les petites filles aiment rassurer leur poupée qui voit sa maman s'éloigner, employant les mots que leurs mères ont utilisés quelques heures plus tôt pour les rassurer elles-mêmes. Quant aux Zorro et autres Terminator, ce sont bien souvent des petits garçons craintifs qui, en endossant les rôles de ces personnages puissants, conjurent leur angoisse de ne pas être à la hauteur !

Les garçons, par ailleurs, aiment bien « la bagarre », comme ils le disent eux-mêmes. Ces joutes entre garçons du même âge, que l'on observe avec une très grande fréquence entre quatre et six ans, servent à mesurer leur force virile sans trop de dangers, à un moment de leur développement où l'angoisse de castration est vive et où la rivalité avec la figure paternelle les angoisse. Quand ils surviennent entre frères, ces jeux de bagarre peuvent cependant vite tourner au règlement de compte, au grand désespoir des parents, et ce qui commence comme un jeu finit parfois par engendrer de vraies souffrances :

Maxime a dix ans. Il a un frère de huit ans et une sœur de six ans. Leurs parents sont divorcés depuis quatre ans et ils voient très peu leur père qui vit à l'étranger. Leur mère est remariée et ils s'entendent bien avec leur beau-père, mais ils ont eu à gérer rapidement de nombreux changements dans leur vie, et pas des moindres... Maxime s'est toujours montré très raisonnable, dit sa mère, mais

depuis quelque temps il se dispute avec son frère de façon violente et cela semble le rendre malheureux. En tête à tête, Maxime me le confirme et s'inquiète. Il déteste ces bagarres : « Souvent, au début, c'est pas des bagarres. Par exemple, l'autre jour, on avait dit qu'on jouait à se lancer des boules de neige et puis je lui en ai lancé une en pleine figure *sans le faire exprès* et puis après lui il s'est vengé et on n'arrivait pas à terminer... »
Maxime parviendra à dire au cours de nos rencontres à quel point il a peur d'être supplanté dans sa place d'aîné par son frère qui, pense-t-il, le harcèle. Dans ce contexte, le jeu a toutes les chances de se charger en agressivité...

Dans les psychothérapies d'enfants, le jeu est pour le thérapeute un formidable moyen de pénétrer leur monde intérieur qui reste souvent fermé à l'adulte. En séance, l'enfant attend qu'on donne à son discours le juste sens et le sentiment d'être vraiment compris.

Jade, cinq ans, est amenée par ses parents qui la trouvent agitée et capricieuse. Elle est fille unique et ses parents, très occupés par leur travail respectif, ont un peu de mal à la maîtriser quand ils sont avec elle, surtout sa mère, qui finit toujours par capituler.
Au cours des séances, en jouant de façon très répétée avec des personnages qui composent une famille idéale, elle exprime certains besoins qui n'étaient pas clairement mis au jour. Elle montre aussi la force de son ambivalence vis-à-vis de sa mère, ambivalence en l'occurrence très œdipienne, et elle parvient à mettre à distance les affects agressifs qu'elle nourrissait vis-à-vis d'elle, dont elle se culpabilisait fortement et qui étaient à l'origine de ce comportement difficile décrit par ses parents.

Le jeu ne s'arrête pas avec l'enfance, il continue à l'adolescence et confirme ses fonctions. On voit bien quelle passion, quel acharnement les adolescents y mettent parfois : rivés à leur console de jeux vidéos, ils peuvent passer des heures sur des images violentes qui font d'eux les héros d'histoires parfois morbides... C'est une manière d'exorciser leur propre peur, on l'a montré. Mais il faut se méfier de ces jeux quand l'adolescent s'y adonne à l'exclusion de tout autre passe-temps, de façon compulsive, pendant des heures et des heures...

Les parents de Dorian, quinze ans, consultent avec lui car le début de seconde de leur fils est difficile : il ne travaille pas assez et passe des heures devant son ordinateur à jouer. Ils se font du souci car leurs tentatives pour faire diminuer le temps passé à ces jeux ont abouti à des crises violentes...
Au cours des séances, il apparaît que Dorian vit douloureusement ses débuts dans un nouveau lycée, a du mal à se faire des amis et s'inquiète outre mesure de ses notes qui ont chuté. Ses jeux compulsifs sont une façon de faire le vide, d'oublier ses tourments, mais bien sûr ils ne sont pas la bonne réponse puisqu'ils l'isolent un peu plus et compromettent son travail scolaire. Ses parents ont eu raison de s'en inquiéter.

Les jeux de rôles ont aussi les faveurs des adolescents. Là encore, ils peuvent endosser des personnages exprimant sans détours des émotions tapies au fond d'eux-mêmes, ou bien ils deviennent les maîtres du jeu et régentent leur monde, assouvissant ainsi leur désir de toute-puissance.

S'ils ne jouent pas dans la réalité, ils jouent de leurs fantasmes, expérimentant une capacité de rêverie structurante pour eux. Ils jouent encore de la force des mots : jeux de mots, bons mots, gros mots, avoir le dernier mot sont des exercices auxquels ils excellent face à des adultes souvent désemparés et exaspérés. « Je ne peux pas m'en empêcher, il faut que j'aie le dernier mot... », me dit ce garçon de quinze ans ; il use la patience de ses parents et de ses professeurs qui, pourtant, devraient s'en réjouir car ces jeux montrent un adolescent qui prend du plaisir à jouer avec ses pensées et s'en grise. Même s'il est vrai qu'ils sont parfois douteux, ils manifestent son plaisir d'apprendre et préviennent le passage à l'acte !

Jeux dangereux

Malheureusement, l'adolescence est aussi l'âge des jeux dangereux, défis à la peur et au danger. La « mise en acte » et le « passage à l'acte » arrivent au premier plan. Les pages des faits divers relatent régulièrement de ces divertissements absurdes qui tournent au drame. On a beaucoup parlé du jeu du foulard où des garçons entre treize et seize ans, le plus souvent, expérimentent une sensation excitante d'asphyxie. Certains en meurent, et c'est la mère de l'un d'eux qui a dû alerter les médias pour que soit attirée l'attention sur ce passe-temps stupide qui aurait fait une trentaine de victimes... Des adolescents interrogés par une équipe de journalistes ont expliqué qu'il s'agissait de « s'étrangler pour s'étourdir » ; l'un d'eux, une fille de quinze ans, « rescapée » après un grave malaise, prétendait que « c'était pour voir comment c'était la mort sans risque », tandis que d'autres évoquaient « la recherche d'une idée nouvelle, une grande découverte »...

D'autres jeux dangereux sont, chaque année, expérimentés par les adolescents. L'un d'eux consiste à inhaler des produits toxiques pour éprouver des sensations étranges. En décembre 2001, un garçon de quinze ans est mort d'avoir inhalé une bombe dépoussiérante d'ordinateur qui devait changer sa voix, la rendre grave pour faire rire ses copains.

Depuis peu, certains divertissements tout aussi stupides et risqués ont fait leur apparition dans les cours de récréation. Ils expriment une violence inquiétante que contrôlent mal des adultes manifestement dépassés par les événements. Parmi eux – mais il y en a d'autres –, le jeu de la canette. Il s'agit de lancer au hasard une canette et celui qui est touché est roué de coups. Quentin, un garçon de onze ans, en a fait les frais : pour lui, le jeu a viré au véritable passage à tabac avec hématome au foie, contusions et trois jours d'hôpital. À un journaliste, il a raconté qu'ils étaient une vingtaine à s'acharner sur lui, « certains c'était pour rire, mais d'autres c'était vraiment pour être méchants » ; lui-même semblait ne pas trop savoir ce qu'il fallait en penser. Mais ses parents, eux, n'ont pas trouvé cela drôle et ont porté plainte.

Ces exemples de jeux agressifs et dramatiques pour eux-mêmes ou pour les autres démontrent que les jeux d'adolescents vont bien au-delà d'un simple scénario ludique : la charge des émotions y est extrême. Les adolescents y mettent en scène leurs peurs avec intensité : peur de la mort, peur de n'être pas assez fort, peur de n'être pas à la hauteur, si fréquente à cet âge. Ils sont dans l'exploit, dans la prouesse pour que le regard des autres s'attarde sur eux et renforce l'estime qu'ils ont d'eux-mêmes et qui est souvent fragile. Mais ne sont-ils pas déjà, pour certains, dans la violence, dans une société où il n'y a plus de place pour rêver, où on leur demande d'emblée d'être efficaces et performants, dans un environnement à la fois exigeant, inquiétant et sans cesse décevant ? Ils recherchent alors une sorte d'anesthésie affective pour se protéger de l'angoisse que cela peut susciter chez eux et ne retrouvent un peu de « force dans leurs émotions » que dans ces jeux absurdes et dangereux où leur peur est à l'épreuve.

Pour d'autres, c'est l'absence de limites qui les mène à la violence. Leurs parents répugnent en effet à leur en fixer, évitent systématiquement un conflit qui pourrait être structurant, en privilégiant l'idée de ne jamais leur déplaire. Pourtant, en étant sans cesse dans le consensus avec leurs enfants, ils ne leur apprennent pas à gérer leurs propres conflits !

Le jeu, de l'enfance à l'adolescence, est essentiel à un développement harmonieux dans la mesure où il apprend entre autres à gérer les peurs et les conflits. Il serait bon que les parents, qui veulent si bien faire, n'oublient pas cette évidence, eux qui sont souvent surpris lorsque je m'informe des jeux de leurs enfants : à quoi jouent-ils ? comment jouent-ils ? Comme si tout cela n'avait aucune importance et représentait même une perte de temps, pris sur les moments consacrés au travail et à des activités qui font appel à leurs compétences intellectuelles ou physiques dans une optique de performances !

3

Peurs et angoisses du petit enfant

La peur et l'angoisse ne sont pas l'apanage des grands. Elles peuvent assaillir le tout-petit. Nous verrons qu'elles sont alors souvent en résonance avec les angoisses maternelles et s'expriment de façon bien spécifique par des pleurs, bien sûr, mais aussi par des troubles du sommeil et parfois de la dépression.

Incontestée dans son principe, la place qu'occupe l'angoisse dans le développement de l'enfant a fait l'objet de nombreuses études et discussions. Certains auteurs se sont par exemple attachés à dater le moment où elle apparaît chez l'enfant. Ainsi si, pour Otto Rank (1884-1939), la naissance constitue un traumatisme en venant rompre l'harmonie idéale qui existe entre le fœtus et sa mère, René Spitz (1887-1974) estime, lui, que le nourrisson « organise » son mode de fonctionnement psychique et ses perceptions peu à peu, et qu'il ne connaît, dans le premier semestre de sa vie, que des états de tension physiologique désagréable ; ce sont les interactions mère-enfant répétées, les échanges et la communication autour des soins maternels qui vont lui permettre de mémoriser les expériences de plaisir et de déplaisir, de satisfaction ou de frustration, qui se traduiront par des sourires ou par des pleurs.

La détresse du nouveau-né

Freud, qui définit l'angoisse comme une énergie vitale insatisfaite et considère qu'elle apparaît chez l'enfant dès qu'il ressent l'absence de sa mère, n'a pas cherché à dater chronologiquement son apparition, mais il s'est efforcé tout au long de son travail clinique et théorique d'en expliquer l'origine. Il a d'ailleurs été amené à remanier sa position. En effet, dans une première réflexion élaborée dans les *Trois Essais sur la théorie de la sexualité* (1905), puis dans « Le petit Hans » (1909), il considère qu'elle résulte du refoulement du contenu d'une représentation anxiogène, mais dans une seconde théorisation du concept d'angoisse qu'il élabore en 1926 dans *Inhibition, symptôme et angoisse*, il estime que l'angoisse constitue un signal d'alarme qui va déclencher le refoulement et mettre en branle les mécanismes de défense.

Melanie Klein (1882-1960) la met en rapport avec le dualisme entre pulsion de vie et pulsion de mort, entre amour et haine, auquel le bébé est confronté dès sa naissance et qui ont pour effet de faire naître chez lui des conflits internes, lesquels ne sont pas forcément en lien avec la qualité de son environnement. Cette théorie est partiellement reprise par le pédiatre et psychanalyste anglais Donald Winnicott (1896-1971) qui insiste cependant sur l'importance des relations précoces mère-enfant. Dans son article « Le bébé en tant que personne », il dit clairement : « L'histoire d'un être humain ne commence pas à cinq ou à deux ans, ou à six mois, mais elle commence à la naissance et même avant la naissance. Dès le début, chaque bébé est une personne et a besoin d'être connu par quelqu'un. Et personne ne peut arriver à connaître un bébé aussi bien que sa mère [1]. »

1. Donald W. Winnicott, « Le bébé est une personne », in *L'Enfant et le Monde extérieur*, Payot, 1988.

Dans un article de 1956, il nomme « préoccupation maternelle primaire » l'état très particulier de la mère pendant la grossesse, au moment de la naissance de son enfant et dans les semaines qui suivent. Il caractérise cet état par une très grande empathie, voir une identification au nouveau-né, qui permet à la mère de connaître intuitivement ses besoins et d'y répondre en mettant, pendant un temps, ses propres intérêts personnels en veilleuse. Cet état ne dure pas, il est fait pour évoluer : l'enfant passe d'une dépendance absolue aux soins maternels, pendant les quatre ou cinq premiers mois, à une dépendance relative, entre six mois et un an. À ce stade, il est sorti de l'attitude totalement fusionnelle à sa mère, s'est peu à peu différencié d'elle et doit être capable de se manifester lui-même pour exprimer ses besoins, de même que sa mère doit, elle, pouvoir supporter cet éloignement progressif et ne pas le vivre comme un abandon. Les nécessaires décalages qui interviennent alors confirment à l'enfant qu'il est bien séparé de sa mère et permettent son évolution vers l'indépendance. C'est là que se joue son équilibre.

On voit combien, pour Donald Winnicott, la qualité des soins maternels conditionne le bien-être de l'enfant et même son existence : « Un bébé seul ça n'existe pas. » Dans son livre *De la pédiatrie à la psychanalyse*[1], le psychanalyste anglais s'attache à expliquer ce que doivent être des soins maternels rassurants et sécurisants pour l'enfant. Il charge ainsi la mère, qui doit être « suffisamment bonne », d'une lourde tâche : « C'est la mère qui établit la santé mentale de l'enfant pendant la période où elle se préoccupe des soins à donner à son nourrisson[2]. »

Ce sentiment d'être bien tenu, bien porté, par une mère

1. Donald W. Winnicott, *De la pédiatrie à la psychanalyse*, Petite Bibliothèque Payot, 1969.
2. *Ibid.*, p. 99.

aimante et « vivante », qu'elle communique à son enfant pour permettre son évolution en toute harmonie, il le nomme *holding*. Une mère distraite, car trop absorbée par ses propres besoins (sa fatigue, son travail, la qualité de ses relations de couple...), une mère absente à son enfant car aux prises avec ses affects dépressifs ou par d'autres soucis « ailleurs » risque de faire naître chez lui une angoisse plus ou moins forte et plus ou moins désorganisante.

Ce besoin fondamental d'être rassuré par sa mère est aussi une évidence pour Frédéric Leboyer, qui a œuvré pour « une naissance sans violence » : « Les semaines qui suivent la naissance sont comme la traversée d'un désert, désert peuplé de monstres : les sensations nouvelles qui du dedans montent à l'assaut du corps de l'enfant. Ce qui affole le malheureux enfant ce n'est pas la cruauté de la blessure, c'est sa nouveauté et cette mort du monde alentour qui donne à l'ogre des proportions immenses. Comment calmer une telle angoisse ? nourrir l'enfant ? oui mais pas seulement de lait, il faut le prendre dans les bras, il faut le caresser, le bercer, et le masser[1]. »

Les entretiens avec les mères qui consultent avec leurs enfants dans les deux premières années, pour différents troubles, confirment une formidable résonance dans les échanges de la mère à l'enfant et en soulignent l'importance.

Mme L., trente-cinq ans, consulte avec Sacha, vingt mois, car c'est un petit garçon qui « hurle, dit-elle, à chaque fois qu'elle le quitte ». Il dort bien, a bon appétit, mais a du mal à s'éloigner d'elle : « Il ne me lâche pas », ajoute-t-elle.

Mme L. vit maritalement avec le père de ses enfants depuis dix ans et a un fils aîné âgé de cinq ans. Elle est avocate. Quand Sacha est né, sa grossesse était « programmée », mais, reconnaît-elle, elle ne l'a pas vue passer car elle avait à ce moment-là un surcroît de

1. Frédéric Leboyer, *Shantala*, Le Seuil, 1976.

travail. Sacha est né trois semaines avant terme, il a passé cinq jours dans un service de néonatalité pour surveiller un ictère. À son retour, Mme L., très heureuse de la naissance de ce deuxième garçon, s'est toutefois beaucoup préoccupée de l'aîné qui manifestait vis-à-vis du nouveau-né de francs sentiments agressifs. Très inquiète de son attitude, elle a tout fait pour qu'il ne se sente pas lésé : « Je me cachais presque pour donner le biberon à Sacha. » Elle a repris son activité professionnelle au bout de six semaines et c'est une nourrice à domicile qui s'est alors chargée du bébé jusqu'à ses neuf mois, avant de partir et d'être remplacée par une autre. Sacha était alors un enfant particulièrement facile : il ne pleurait jamais, dormait beaucoup, buvait bien ses biberons... C'est vers treize mois, au moment de la marche, qu'il a commencé à s'accrocher à elle et à pleurer. La maman s'est montrée, selon son humeur et sa journée, « tantôt impatiente, tantôt attendrie »... Les crises s'étant accélérées, elle a décidé de consulter.

J'ai eu trois entretiens avec Mme L. et Sacha, qui l'ont aidée à mieux cerner les messages de son fils, à comprendre leur sens et, bien sûr, à réfléchir sur la manière de répondre à ses besoins et surtout de le rassurer. Mais on voit bien comment une certaine indisponibilité pendant la grossesse, qu'elle n'a « pas vu passer », et après la naissance, a favorisé la détresse de ce petit garçon. Il est probable que la séparation, même brève, d'avec sa mère dans les cinq premiers jours, qu'elle-même ne souligne pas comme étant un événement important, a déjà fragilisé le lien mère-enfant, ensuite parasité par les manifestations agressives du grand frère, perturbatrices pour la mère. Le changement de nourrice a encore été un facteur d'angoisse pour Sacha, tout comme les réponses imprévisibles de sa mère à ses « crises », au gré de son humeur. Sacha exprimait son insécurité après coup, au moment où il avait acquis son autonomie motrice, comme si cette nouvelle indépendance l'aidait à dire ce qu'il n'avait pas pu manifester jusqu'alors.

Sacha semble avoir noué avec sa mère, depuis les premiers jours, ce que le psychanalyste anglais John Bowlby appelle un « attachement angoissé [1] ». Cet auteur a décrit de façon tout à fait intéressante le concept d'attachement. Freud avait parlé chez le nouveau-né de besoins primaires qui correspondaient aux soins nécessaires à sa survie et sur lesquels « s'étayaient » des besoins secondaires comme le plaisir d'être et de communiquer avec la mère. Bowlby, qui a conceptualisé à partir de l'observation directe des bébés, ajoute que l'attachement fait aussi partie des besoins primaires nécessaires à la survie de l'enfant, qu'il se développe et s'enrichit au cours des trois premières années, mais qu'il est présent d'emblée. Pour lui, c'est un concept fondamental au regard du développement de l'enfant, de son épanouissement et de sa tranquillité intérieure. En effet, il assure une fonction de protection contre les agressions extérieures et une fonction de socialisation, c'est-à-dire qu'il permet à l'enfant de s'éloigner peu à peu d'une communication exclusive avec sa mère pour l'élargir à des proches, puis à des étrangers. Pour que cela puisse arriver, l'attachement à la mère doit s'être fait sur un mode suffisamment rassurant, dans un échange sensoriel tendre et chaleureux, et une bonne concordance a dû s'établir entre les demandes de l'enfant et les réponses de sa mère afin qu'il ait acquis la certitude de pouvoir s'éloigner d'elle un moment sans risque de la perdre.

La peur de perdre sa mère ou d'en être séparé est donc une peur fondamentale du bébé. Elle n'est perturbante que si l'enfant n'a pas pu nouer avec sa mère un attachement suffisamment sûr, « tranquille » ou si, bien sûr, il y a perte dans la réalité. Celle-ci provoque chez le bébé des réactions que Bowlby, à travers ses observations d'enfants hospitalisés, a défini en trois temps :

1. John Bowlby, *Attachement et Perte*, P.U.F., 1978.

– le désespoir : l'enfant exprime sa détresse par des pleurs pour tenter de faire revenir sa mère ;

– le découragement : le temps passant, il est désorienté par son impuissance ;

– le détachement : il renonce, baisse les bras. La détresse est alors immense et le risque dépressif est grand.

Boris Cyrulnik[1] a lui aussi insisté sur l'idée qu'un attachement sécurisant à la mère permettait à l'enfant d'explorer tranquillement son environnement, d'aller et venir et de faire face à un moment d'absence sans être submergé par l'angoisse. Et il a ajouté de façon très pertinente que la présence du père était également essentielle, comme gage du bon équilibre affectif de la mère.

> Mme B. consulte avec son fils de douze ans avec qui elle a des difficultés, dit-elle, « depuis toujours ». Le motif de la consultation est en réalité un rendement scolaire qu'elle juge insuffisant et qui l'inquiète beaucoup. Il apparaît rapidement que ce garçon a un fonctionnement intellectuel tout à fait normal et qu'il n'est pas en échec scolaire, mais qu'il manque de confiance en lui pour être vraiment performant. Les difficultés sont plutôt à chercher du côté des relations mère-fils. Après avoir rencontré plusieurs fois l'adolescent, je propose donc à Mme B. de la recevoir seule.
> Elle me situe alors le contexte de la naissance de son fils : « J'avais dix-neuf ans, j'arrivais d'un autre pays, je ne parlais pas la langue, j'avais été obligée d'interrompre des études qui m'intéressaient, j'ai vécu ma grossesse seule, loin des miens, et mon mari, pour qui j'avais tout quitté, rentrait à dix heures du soir et me disait que tout cela était normal, il ne comprenait rien à ma détresse. Dès le départ, avec mon fils ça a été difficile, je sais bien que je lui en voulais de tout cela et maintenant encore je m'en veux de l'avoir pensé. »

Sa détresse pendant sa grossesse a empêché Mme B. de nouer une relation tendre et tranquille avec son fils. Elle

1. Boris Cyrulnik, *Les Nourritures affectives*, Odile Jacob, 1993.

n'en est pas responsable, bien sûr, elle aurait eu besoin de soutien, en particulier de la part de son mari. Mais, comme c'est souvent le cas, elle se culpabilise encore aujourd'hui de ces difficultés de démarrage et la douleur reste vive.

L'angoisse du huitième mois

Le bébé construit son sentiment de sécurité et d'intégrité à partir des échanges qu'il a avec sa mère au cours des soins maternels. Entièrement dépendant de celle-ci, ce sentiment de sécurité peut être facilement ébranlé et induire des perturbations plus ou moins importantes.

Lorsque les échanges sont bons – ce qui, heureusement, est souvent le cas –, le bébé développe rapidement ses capacités de communication. S'il ne reconnaît pas d'emblée sa mère, il est tout de suite sensible à ses caresses, à la chaleur de ses bras, à son odeur, il est attentif à ses paroles, à leur intonation, leur musicalité. Dès le deuxième mois, quand les soins maternels lui apportent le bien-être dont il a besoin, il commence à « sourire aux anges », ce qui attendrit un peu plus sa mère. Vers trois mois, il répond à son sourire, et un peu plus tard il s'efforce d'émettre des sons, de gazouiller pour poursuivre le dialogue et s'émerveille de s'entendre répondre au « babil » parental.

Dans les premières semaines, s'il est sensible à la qualité des soins qui lui sont prodigués, et stimulé dans son développement par tout ce climat sensoriel qui se crée autour de lui, il ne reconnaît pas les visages. Ce n'est que très progressivement qu'il discerne les personnes qui lui sont familières. La réponse par le sourire, vers trois mois, montre que le bébé a emmagasiné peu à peu des traces mnésiques des visages qui lui sont familiers. Mais, parmi ces visages familiers, le visage de la mère n'est pas encore « le » visage de prédilection.

Les choses vont changer vers huit mois. À partir de ce moment en effet, la présence d'une personne étrangère suscite de l'angoisse : si celle-ci s'adresse au bébé ou veut le prendre dans les bras, il détourne la tête, met ses mains sur les yeux, parfois s'affole puis commence à pleurer. Cette première réaction de peur face à une personne inconnue, qui varie d'intensité selon la personnalité des enfants, est couramment appelée « angoisse du huitième mois ».

Plusieurs auteurs ont étudié cette peur du bébé qui apparaît comme une étape importante de son processus de maturation. René A. Spitz, notamment, la considère comme fondamentale. Ainsi qu'il l'explique dans *De la naissance à la parole*[1], il considère que le bébé fait l'expérience du déplaisir à partir du quatrième mois : il est alors capable de se souvenir d'expériences désagréables et, quand il s'y trouve à nouveau confronté, adopte un comportement de retrait. On peut parler de premières peurs. En observant un bébé de cet âge, on remarque que certaines situations l'effraient ou en tout cas lui sont très désagréables. Ainsi, il déteste les bruits : une voix trop forte, une porte qui claque le font tressaillir ; un geste trop brusque, un changement de position un peu brutal, la sensation de ne pas être bien tenu provoquent son inquiétude. Vers six mois, quand il va chez le médecin pour un rappel de vaccin, il peut tout à fait réagir par des gestes pour se protéger à l'approche de la seringue et protester par ses pleurs.

Mais, selon René Spitz, « l'angoisse du huitième mois se distingue tout à fait du comportement lié à la peur ». À ce moment-là, dans la rencontre avec un inconnu, le bébé réalise l'absence de sa mère, et pour la première fois sa

1. René A. Spitz, *De la naissance à la parole*, P.U.F., 1976.

présence lui manque : l'étranger est dangereux parce qu'il n'est pas la mère. Cette étape est significative dans la mesure où « elle reflète le fait que le bébé a maintenant établi une véritable relation objectale et que la mère est devenue son objet libidinal, son objet d'amour ».

Dans *L'Enfant et son corps*[1], Michel Fain va jusqu'à parler de « phobie primaire » : pour lui, l'enfant opère un déplacement de ses affects agressifs du visage de sa mère à celui de l'étranger, ce qui renforce son plaisir de retrouver sa mère. Comme Spitz, il souligne l'aspect structurant de ce moment de la vie du bébé : « Alors, tout est en place pour une évolution normale de l'appareil psychique. » Cette angoisse du huitième mois est l'indice que l'enfant se développe bien, qu'il distingue les personnes importantes de son existence (le couple parental essentiellement) des autres. C'est plutôt l'absence de cette angoisse qui témoignerait d'une situation pathologique chez l'enfant.

Mme R. a trois enfants. La plus jeune, Claire, sept ans, souffre d'un autisme grave puisqu'elle n'a pas du tout accès au langage. Quand elle évoque les premiers mois de la vie de sa fille, Mme R., qui avait déjà l'expérience de ses deux autres enfants, dit s'être inquiétée de sa « sagesse » : « Elle était très sage, dit-elle, mais sûrement trop. Elle pleurait peu, mais elle souriait peu, je ne me souviens pas qu'avant quinze ou dix-huit mois elle ait manifesté directement sa joie ou sa tristesse. »

Devant cette absence d'expression d'émotions chez Claire, le médecin qui suivait l'enfant a d'abord pensé à un trouble sensoriel. Pour lui, et à juste titre, le fait que ce bébé n'exprime, au cours des dix premiers mois de sa vie, ni plaisir, ni déplaisir, ni joie, ni tristesse, ni peur, ou bien peu, était significatif d'un dysfonctionnement dans le développement de l'enfant. Le diagnostic n'est venu que plus tard.

1. L. Kreisler. M. Fain, M. Soulé, *L'Enfant et son corps*, P.U.F., 1981.

Qu'à partir de huit mois l'enfant craigne l'irruption d'un inconnu dans son environnement familier, qu'il s'accroche au cou de sa mère et détourne le visage quand celui-ci fait mine de le prendre est donc plutôt rassurant. Rien ne sert alors de s'énerver et de vouloir précipiter les choses : il a besoin de s'acclimater à ce nouveau personnage, de l'observer en restant d'abord dans des bras protecteurs ; puis, encouragé et conforté par des paroles rassurantes, il pourra peu à peu céder à sa curiosité et faire connaissance.

Les lieux ou les situations nouvelles l'inquiètent aussi : il peut tout à coup ne plus du tout apprécier de prendre son bain, l'eau devenant un milieu « étranger ». C'est pour ces raisons que l'on déconseille aux parents de commencer à mettre leur enfant à la crèche ou en garderie à ce moment-là : mieux vaut un peu plus tôt ou un peu plus tard. Si l'on n'a pas le choix, ce qui arrive souvent, il est conseillé de vraiment prendre du temps pour l'accompagner et l'habituer peu à peu à son nouvel environnement. En effet, il y a toutes les chances que, rassuré suffisamment longtemps par la présence et les paroles apaisantes de son père ou sa mère, il surmonte son angoisse et parvienne à apprécier les plaisirs de cet univers nouveau.

Les troubles du sommeil

Les troubles du sommeil du petit enfant sont très fréquents et font souvent l'objet d'une demande de consultation de la part de parents épuisés de ne pas dormir « bien » depuis plusieurs mois ! S'il y a des troubles qui peuvent rapidement déstabiliser un équilibre familial ou conjugal, ce sont bien ceux-là. Les pères, qui désertent parfois les consultations psychologiques, sont le plus souvent très impliqués dès qu'il s'agit du mauvais sommeil de leur enfant et de trouver à tout prix des solutions qui leur permettent de pouvoir à nouveau dormir en paix.

Dans les premières semaines, voire le premier trimestre de la vie de l'enfant, le cycle veille/sommeil n'est pas forcément en phase avec le jour et la nuit, mais étroitement lié aux besoins alimentaires du bébé : un bébé qui a faim pleure, un bébé repu après un bon biberon s'endort. C'est donc le sentiment de tension, provoqué essentiellement par la faim, qui le réveille et le fait pleurer. D'autres tensions peuvent être provoquées par des causes très variées : une mauvaise position dans le berceau, une sensation de trop froid ou de trop chaud, une digestion difficile... Le bébé se calme en tétant, mais aussi quand on le berce dans les bras. Il ignore le jour et la nuit, et ce sont ses parents qui, peu à peu, en réglant son alimentation, vont allonger le temps de veille dans la journée et le temps de sommeil la nuit. Pour beaucoup, en trois mois le rythme est pris, et « le bébé fait ses nuits » pour le plus grand plaisir de ses parents.

Mais certains, à quatre mois, cinq mois, voire beaucoup plus grands, n'ont toujours pas trouvé l'apaisement dans le sommeil de la nuit et continuent de pleurer quand ils devraient dormir. Bien évidemment, il convient d'abord d'éliminer une souffrance physique due à une quelconque maladie. Un bébé qui a mal au ventre ou à l'oreille pleure ! Parfois encore, quelques conseils de simple bon sens permettent de régler rapidement le problème : une alimentation plus adaptée, un peu plus de calme au moment du coucher...

Certains bébés expriment cependant par ces insomnies un conflit ou une angoisse.

Léon Kreisler, pédopsychiatre et psychanalyste ayant beaucoup travaillé sur la clinique du petit enfant, a noté que la plupart des insomnies du nourrisson s'installent au cours de la phase d'éveil du deuxième ou du troisième mois. C'est justement le moment où, comme nous l'avons vu, le bébé commence à sourire, donc à communiquer avec l'autre et à éprouver du plaisir ou du déplaisir : « C'est une période sensible où le jeune enfant est volontiers criard, excitable, nerveux, ce qui peut susciter chez la mère des réactions d'impatience, de dépit, d'insatisfaction [1]. »

Pablo a deux ans. Ses parents consultent avec lui car ils sont un peu démunis devant les grosses colères de leur fils. Pablo est leur premier enfant, il est né en France alors qu'eux sont d'origine brésilienne ; ils sont installés provisoirement à Paris pour leur travail. Avant d'en arriver aux colères de Pablo, ils me décrivent des difficultés de sommeil importantes qui ont duré toute la première année, « jusqu'à ce qu'il marche », précise la mère.
En discutant avec elle, on se rend compte que si sa grossesse a été heureuse et détendue, « que du bonheur », dit-elle, et si l'accouchement sous péridurale s'est très bien passé, le retour de la maternité a été moins triomphant. « J'étais crevée dit-elle, je l'allaitais mais, comme il pleurait beaucoup, j'avais l'impression de ne faire que cela toute la journée. Et la nuit je me levais au moins trois fois... Au bout de trois mois, je n'en pouvais plus et je finissais par lui en vouloir, j'étais souvent tendue et je me reprochais de l'être. »
Malgré un changement d'alimentation, Pablo a continué à pleurer la nuit et ses parents ont dû se résigner à se lever à tour de rôle ou à le prendre dans leur lit. Il n'a fait des nuits plus paisibles et complètes que vers dix mois.

Il est possible que ce soit simplement un problème lié à l'alimentation qui ait déclenché le trouble du sommeil : Pablo n'était pas repu après la tétée et ne trouvait pas l'apaisement qui pouvait induire son sommeil. Mais ses pleurs, ses manifestations d'insatisfaction ont alors déconcerté sa mère, qui s'est sentie désemparée, fatiguée, énervée... À son tour, l'enfant a ressenti cet énervement maternel, et l'angoisse

1. *Ibid.*, p. 75.

qu'il a suscitée chez lui s'est exprimée par ces pleurs nocturnes. On a là un exemple supplémentaire du rôle primordial que joue l'état émotionnel de la mère dans le sentiment de sécurité de l'enfant. Très tôt, en effet, il fait éponge à ses émotions et y réagit.

Je rencontre Dan, sept ans, avec sa mère à cause de sa grande « agitation » à l'école et à la maison. Ses parents sont en train de se séparer et naturellement sa mère s'interroge sur l'effet de cette séparation sur son fils. En parlant avec elle, on se rend compte, cependant, que cette « agitation » n'est pas nouvelle et que Dan n'a jamais été vraiment calme... « Dès le début, ça s'est mal passé, dit-elle, mon père est mort brusquement quand j'étais enceinte de cinq mois, j'ai été obligée de soutenir ma mère qui allait mal et qui, après la naissance de Dan, voulait sans arrêt que je le lui amène pour la consoler. J'étais très fatiguée, d'autant qu'il pleurait toutes les nuits. » Dan n'a commencé à faire des nuits complètes que vers onze mois, « un peu avant un an, mais, ajoute-t-elle, de toute façon, même maintenant, c'est toute une histoire pour qu'il aille se coucher... »

Dan est né dans une ambiance dépressive due à la mort brutale de son grand-père maternel. Sa mère n'a pas profité sereinement de la fin de sa grossesse. Cet état de repli serein sur le bébé à venir, cette « préoccupation maternelle primaire » (Winnicott) qui garantit une bonne communication ultérieure entre la mère et le bébé, a été brutalement interrompue. Par le choc affectif du décès de son père, la maman a été détournée de son bébé à venir, d'autant qu'elle a ensuite été accaparée par le chagrin de sa propre mère. En tentant de se consoler par la présence de son petit-fils, la grand-mère de Dan s'est beaucoup immiscée dans la relation mère-bébé. En réalité, Dan s'est vu ainsi assigner une rude tâche, celle de distraire sa grand-mère de son chagrin. Une tâche beaucoup trop lourde pour lui, déjà aux prises avec les difficultés de sa propre mère à l'investir positivement. On comprend aisément que, au milieu de toute cette tourmente, de toutes ces angoisses dépressives, il ait manifesté la sienne en ne dormant pas la nuit...

Néanmoins, que les jeunes mères se rassurent : devant les exigences de l'enfant et parfois la difficulté à les satisfaire, des sentiments d'énervement et d'agressivité peuvent se mêler à leur amour. Il faut le reconnaître et ne pas s'en effrayer, car les relations avec l'enfant vont se construire malgré tout. Très souvent, pour ne pas dire toujours, il y a une ambiguïté relationnelle entre la mère et ce bébé tout neuf, bien en chair et en os, et forcément différent de celui imaginé tout au long de la grossesse. De nombreuses jeunes mères me disent se sentir coupables de cette ambivalence et du coup avoir des réponses pas toujours cohérentes face aux demandes de leur bébé. « Il me tapait sur les nerfs, mais après je m'en voulais tellement que je me précipitais pour le prendre dès qu'il poussait le premier cri », me dit celle-ci qui a dû faire face elle aussi aux insomnies de son petit garçon aujourd'hui âgé de vingt-six mois.

Pour se développer harmonieusement, le bébé doit aussi peu à peu apprendre l'attente et supporter des moments de frustration qui vont l'aider à grandir. Bien sûr, au départ, la mère répond dans l'instant à ses demandes. Mais au fur et à mesure de son développement, il va devoir apprendre à supporter des décalages entre son besoin et la satisfaction de son besoin. Dans ces décalages va naître une activité fantasmatique très importante pour lui : ainsi un bébé de trois ou quatre mois qui commence à pleurer parce qu'il a faim, mais aussi parce qu'il commence à anticiper le plaisir d'être avec sa mère, va trouver en suçant son pouce ou le dos de sa main un plaisir compensatoire et la patience d'attendre sa venue.

Nombre d'enfants en consultation pour des difficultés de

sommeil n'ont pas eu vraiment l'occasion d'être confrontés à cette attente structurante pour eux, un de leurs parents se précipitant au moindre cri, comme s'ils étaient encore des nouveau-nés. Comme ce père qui me dit avoir souffert d'une éducation rigide et sans amour et qui, du coup, ne supporte pas d'entendre pleurer sa fille. « Si je ne la prends pas tout de suite, j'ai l'impression d'être un tyran » m'explique-t-il, tout en prenant conscience, en le disant, qu'il est en train de leur gâcher la vie à tous : sa femme, que cela exaspère, et sa fille qui, à deux ans, est en train de les tyranniser tous, car, hélas, les mauvaises habitudes se prennent vite !

Des difficultés de sommeil ou d'endormissement surviennent de nouveau très couramment vers deux ans, même chez des enfants pour qui tout s'était bien passé dans les premiers mois. L'enfant, qui découvre à cet âge le plaisir de s'opposer, trouve là un formidable terrain de prédilection : il pleure, se relève, réclame en vrac et selon les jours de l'eau, son doudou qui est tombé, encore une histoire, la porte plus grande ouverte, un dernier câlin... Ces couchers difficiles gâchent la vie de bien des parents qui n'aspirent, et c'est légitime, qu'à être un peu tranquilles après une journée souvent plus que remplie. On ne peut leur conseiller que d'adopter une attitude rassurante, affectueuse mais ferme, et de prendre le temps de respecter certains rites qui permettront à leur enfant de surmonter l'inquiétude de la séparation. Sans précipitation ni énervement car, dans ces moments-là, à vouloir aller trop vite on perd beaucoup de temps...

La dépression du tout-petit

La dépression existe aussi chez les tout-petits. Autant celle de l'adulte et de l'adolescent est depuis longtemps décrite et largement commentée, autant celle de l'enfant, *a fortiori* du jeune enfant, est restée, jusqu'à une époque relativement récente, sous silence, comme s'il ne pouvait qu'être épargné par la souffrance morale ou n'y avait pas accès. Parfois, d'ailleurs, un épisode dépressif chez un tout-petit n'a pas été repéré et l'on n'en parle qu'après coup, comme une hypothèse pouvant expliquer le développement difficile d'un enfant déjà grand.

Alexandre, sept ans, m'est adressé par son orthophoniste pour un bilan psychologique car il est en difficulté d'apprentissage et sa rééducation piétine. Le contact avec lui est bon, c'est un enfant agréable qui participe sans opposition ni inhibition particulière, même s'il ne s'exprime pas beaucoup. Le bilan met en évidence un potentiel normal, mais un retard de maturité affective important et une angoisse dépressive ancienne, autour des premières relations maternelles.
L'entretien avec ses parents à l'occasion du compte rendu de ce bilan montre que les six premiers mois d'Alexandre ont été perturbés. Sa mère, qui avait perdu un premier garçon de la mort subite du nourrisson à trois mois, n'arrivait pas à investir ce deuxième bébé, persuadée qu'à son tour il allait disparaître. Jusque vers six mois, elle s'en occupait, certes, mais en s'interdisant d'y prendre du plaisir, en se forçant presque à une certaine indifférence pour éviter de trop souffrir. Alexandre était un bébé plutôt sage, ce qui a fini par séduire sa maman, mais passif ; son développement psychomoteur semble s'être fait lentement, puisqu'il n'a pas marché à quatre pattes et n'a acquis la marche qu'à vingt mois.

Il est probable qu'Alexandre, certes soigné par sa mère, mais peu stimulé sur le plan sensoriel ni éveillé au plaisir de la communication – les soins étant donnés dans une « économie d'émotions » –, a vécu pendant les premiers mois de sa vie dans une sorte de retrait dépressif qui a eu pour effet, entre autres, de ralentir son développement psychomoteur. Mais cet épisode dépressif probable n'est évoqué que plusieurs années plus tard, au détour d'un bilan psychologique.

Melanie Klein a décrit une « position dépressive » chez l'enfant, vers l'âge de sept mois, qui serait une étape normale et structurante. À ce moment-là, l'enfant reconnaît sa mère comme une personne entière, il la distingue nettement de lui d'abord, puis des autres, et la sait source de satisfactions, mais aussi de frustrations. Conscient de sa grande dépendance par rapport à elle, il est alors aux prises avec une angoisse dépressive qui se nourrit de l'ambivalence de ses affects : il éprouve des sentiments à la fois d'amour et de haine vis-à-vis de cette mère tour à tour comblante et frustrante et en ressent une grande culpabilité. Il s'angoisse de ne pas la voir car son agressivité lui fait peur : ses fantasmes destructeurs lui font craindre de la perdre à jamais. C'est par la continuité dans les soins et aussi par le jeu, comme le jeu répétitif du « parti, revenu », que le tout-petit parvient à se rassurer et à surmonter cette angoisse de perte. Melanie Klein parle d'« activité réparatrice » et considère qu'elle favorise la bonne évolution du bébé.

Comme l'angoisse du huitième mois décrite par René A. Spitz, cette « position dépressive » conceptualisée par Melanie Klein participe du bon développement de l'enfant et n'est pas un processus pathologique. Elle peut cependant le devenir si dans son environnement l'enfant subit trop d'expériences réellement douloureuses ou insécurisantes. Son système de défense par des « activités réparatrices » va en effet échouer et laisser la place libre à une angoisse dépressive qui va devenir dépression.

Un bébé qui n'est pas l'objet d'attentions ou de soins « suffisamment bons » parce que sa mère est indisponible, imprévisible, dépressive, un bébé dont les parents sont indifférents parce qu'ils sont eux-mêmes carencés affectivement ou socialement, un bébé séparé réellement de sa mère pour des raisons diverses, ou encore délaissé au profit d'un frère ou d'une sœur monopolisant l'attention maternelle, peut rapidement se déprimer à des degrés divers. Il se transforme alors, comme l'écrit Stéphane Clerget, « en un être insensible afin de limiter la perception de sa souffrance insensée. Il perd peu à peu son jeu d'acteur, son "je", pour devenir simple spectateur de sa propre souffrance[1] ».

Le tout-petit exprimera alors un tableau dépressif plus ou moins franc dominé par des pleurs, une attitude de repli, un état d'abattement, d'indifférence à l'environnement accompagnés de difficultés alimentaires et d'insomnies.

René Spitz a pu faire les premières observations de bébés dépressifs juste après la Deuxième Guerre mondiale, alors qu'il était pédiatre dans une pouponnière. Il s'occupait d'enfants de mères incarcérées auxquelles on enlevait leur bébé dès qu'il avait six mois. Il a noté une aggravation des symptômes quand le temps de la séparation était supérieur à trois mois, et une irréversibilité des troubles avec des retards considérables dans le développement physiologique et psychoaffectif quand il dépassait cinq mois. Il a parlé d'« hospitalisme » pour désigner l'ensemble de ces troubles.

Ses observations ont été renouvelées quelques années plus tard en Angleterre par Bowlby qui, comme on l'a rappelé plus haut, a décrit l'évolution de la dépression des bébés en trois étapes : protestation, découragement et détachement. Très récemment, elles ont trouvé une nouvelle confirmation : l'état des enfants retrouvés dans les orphelinats de Roumanie a suscité une vive émotion. Ces enfants recueillis, mais totalement négligés, étaient profondément déprimés et présentaient des retards de développement majeurs.

Heureusement, d'énormes progrès ont été faits dans les

1. Stéphane Clerget, *Ne sois pas triste mon enfant*, Robert Laffont, « Réponses », 1999.

pouponnières, où pédopsychiatres et psychologues ont provoqué une réelle prise de conscience des besoins affectifs des tout-petits chez le personnel soignant. L'Aide sociale à l'enfance s'est aussi mobilisée pour favoriser, lorsque la séparation avec la mère est inévitable, l'accueil de l'enfant dans des familles où il puisse bénéficier d'une continuité indispensable dans les soins et d'une attention adaptée à ses besoins. Dans le même esprit, les services de pédiatrie ont fait aussi de gros efforts pour éviter que les tout-petits soient trop longtemps séparés de leur mère. Celles-ci ont presque toujours la possibilité de dormir avec leur enfant et les horaires de visite sont d'une très grande souplesse. Malgré cela, les traitements médicaux parfois douloureux ajoutant à l'angoisse de la séparation et de la maladie, certains enfants longtemps hospitalisés peuvent se déprimer.

Les effets de la dépression maternelle

Une attention toute particulière doit être portée à la dépression maternelle. Les entretiens avec les mères qui consultent pour un trouble chez leur enfant petit ou grand mettent en effet souvent au jour un épisode dépressif personnel plus ou moins grave dans les premières années de la vie de l'enfant.

La naissance d'un enfant, on le sait, peut déclencher une réaction dépressive. Toutes les mères ont en tête ce « *baby blues* » au retour de la maternité qui les fait pleurer à la moindre contrariété et leur donne le sentiment d'être incapables de faire face à toutes ces tâches et à cette responsabilité écrasante qui leur tombent dessus en quelques jours. L'enfant dont elles ont rêvé pendant le temps de leur grossesse est là dans sa réalité, peut-être un peu moins beau, en tout cas incroyablement plus exigeant et accaparant qu'elles ne l'avaient imaginé. La fatigue de l'accouchement et de tous les bouleversements hormonaux provoqués par la grossesse et par l'accouchement, et dont finalement elles sont peu informées, ajoute à leur désarroi. Heureusement, cet état d'esprit ne dure pas, et elles reprennent rapidement le dessus et le goût de s'occuper de leur nourrisson.

Cependant, certaines traversent une vraie dépression, même si elle n'est pas toujours franche et massive. Préjudiciable au bon développement de l'enfant, elle suscite chez lui une réponse dépressive plus ou moins marquée.

Comme pour la mère du petit Alexandre, né après la mort subite d'un premier enfant, l'origine de cette dépression peut être liée à un événement dramatique antérieur. La naissance de l'enfant est alors un écho insupportable à la souffrance passée et la réactive trop douloureusement. Pour la mère, le deuil d'un très proche, un père, une mère, un frère, une sœur pendant la grossesse ou autour de la naissance de l'enfant, s'il ne déclenche pas forcément une maladie dépressive, donne lieu à des moments de dépression ou active une anxiété ressentie par l'enfant, qui l'insécurise et majore le risque dépressif chez lui.

Parfois, ce sont des conflits névrotiques non résolus de l'enfance ou de l'adolescence de la mère qui se réactivent avec force au moment où elle devrait investir sa fonction maternelle.

Juliette, qui consulte avec sa fille de cinq ans pour des difficultés alimentaires, évoque un épisode dépressif d'intensité modérée, mais repéré et traité, dans la première année qui a suivi la naissance de Chloé. Elle explique cet état dépressif par un conflit ancien et douloureux avec sa mère : « J'avais quinze ans au moment du divorce de mes parents, dit-elle. J'en ai beaucoup voulu à ma mère, que je supposais à l'origine de la rupture. Nous nous sommes heurtées violemment à ce moment-là et je suis allée vivre un moment avec mon père, ce qu'elle a très mal pris. Ensuite, plus rien n'a jamais été comme avant, elle a refait sa vie et je l'ai trouvée égoïste. À la naissance de Chloé, j'aurais voulu qu'elle soit présente et attentive, il n'en a rien été. J'ai été blessée et j'ai eu beaucoup de mal à remonter la pente. Mon bébé était là, mais moi j'étais ailleurs, perdue dans ma tristesse... Heureusement mon mari s'occupait bien de Chloé et faisait ce qu'il pouvait pour m'aider. »

Juliette aurait sans doute aimé restaurer au moment de la naissance de Chloé des liens tendres avec sa mère. Le fait qu'il n'en ait rien été a déclenché chez elle une souffrance dépressive qui s'est répercutée sur Chloé. La présence d'un père attentif et aimant, capable d'assurer certains soins en y prenant du plaisir, a certainement évité que cet enfant ne se déprime trop gravement. Il n'en reste pas moins que l'attachement de la mère et de l'enfant s'est fait sur un mode assez conflictuel qui a justifié par la suite une aide extérieure.

Une mère dépressive ne se désintéresse pas systématiquement de son enfant, elle ne lui est que rarement hostile, mais elle est très souvent imprévisible, ce qui pour un petit enfant est très inquiétant. En effet, ce sont les repères que sa mère lui donne dans ses soins quotidiens et la constance de son humeur qui construisent sa sécurité intérieure. Or, soumise à une humeur fluctuante, une mère dépressive est à un moment dans une anxiété surprotectrice, ne laissant pas d'espace entre le bébé et elle, et à un autre moment dans un rejet agressif, fatiguée des contraintes de ce maternage qui lui paraît bien lourd. Il lui manque le plaisir à accomplir ces soins maternels, si bien perçu et reçu par l'enfant, qui le fait s'épanouir dans la communication, progresser et acquérir tranquillement une estime de soi qui lui servira tout au long de sa vie.

Parfois, c'est d'ailleurs bien des années plus tard que l'on met au jour les effets sur l'enfant d'une dépression maternelle pendant sa première année.

Ainsi en est-il pour Sandra, vingt-deux ans, qui demande de l'aide « parce qu'elle ne se sent pas bien du tout ». Cette jeune femme, brillante étudiante dans une école d'ingénieurs, se dit fatiguée, angoissée. Elle manque de confiance en elle malgré ses succès, a peur de l'avenir alors que le sien est plutôt bien engagé, remet en question une relation amoureuse pourtant satisfaisante. Elle présente les signes d'un état dépressif qui méritera d'être suivi médicalement. Au cours de nos entretiens, elle aborde souvent ses relations avec sa mère. Elles n'habitent plus ensemble depuis que Sandra a intégré son école qui n'est pas dans la même ville et cette indépendance, loin de la réjouir, lui pèse. « Elle me manque », me dit-elle d'une voix de petite fille.
Sandra a été une enfant docile, obéissante, travaillant bien, apparemment sans problème. Cependant, une conversation avec sa mère quelques semaines après avoir entrepris sa psychothérapie lui apprend que, pendant sa grossesse, celle-ci a fait une dépression qui a duré plusieurs mois après la naissance.

De cet épisode, Sandra ne se rappelle rien, mais le souci constant qu'elle se fait pour sa mère, alors que celle-ci ne vit ni grand drame ni grand tourment, ce besoin d'être avec elle à l'âge où elle devrait se réjouir de son indépendance, ce « manque » d'elle, comme elle le dit elle-même, laissent penser qu'elle a été marquée plus qu'elle ne l'imagine par la dépression maternelle et qu'il faut notamment y voir l'origine de son manque d'une bonne estime de soi, malgré ses succès.

Dans *Peter Pan ou l'enfant triste*, Kathleen Kelley-Lainé évoque ces enfants qui expriment tardivement, alors qu'ils sortent de l'adolescence et doivent affronter les contraintes de la vie d'adulte, leur détresse de n'avoir pas été « bien tenus » par des mères déprimées. Comme s'ils voulaient remonter le fil du temps et revivre leurs premières années dans l'insouciance qu'ils n'ont pas connue : « L'enfant porte en lui le rêve d'une mère tranquille et ce rêve deviendra la quête de toute sa vie[1]. »

La dépression du petit enfant s'exprime surtout par des difficultés d'ordre somatique : il se nourrit mal, grandit difficilement, dort peu ou trop. Il prend aussi du retard sur le plan psychomoteur ou au niveau du langage. Les pédiatres observent une augmentation des affections somatiques chez les bébés déprimés comme l'asthme ou l'eczéma, même si d'autres facteurs peuvent bien sûr intervenir dans ce type de maladies. Mais, on l'a vu, la dépression du petit enfant peut aussi s'exprimer à bas bruit, par exemple dans une attitude de repli vis-à-vis des autres, qui peut être interprétée à tort comme de la sagesse et n'apparaître que beaucoup plus tard.

C'est ce qui s'est passé pour Capucine, cinq ans, chez qui des difficultés d'apprentissages et d'adaptation ont été signalées à l'école en grande section de maternelle. Capucine est la troisième d'une fratrie de trois, elle a un frère de sept ans et un jumeau, Baptiste. Sa mère a accouché à huit mois de grossesse. Les deux bébés avaient un poids de naissance suffisant, mais Baptiste a eu une détresse respiratoire qui a nécessité un séjour de trois semaines dans une unité spécialisée. Les parents se sont donc inquiétés un moment pour la santé de cet enfant qui, à son retour à la maison – peut-être sentait-il les effets de l'anxiété parentale –, s'est révélé être un bébé « difficile ». Il a dès lors beaucoup accaparé sa mère qui s'est fait longtemps du souci pour lui. Capucine ne posait aucun problème, « on ne l'entendait pas », dira son père, et chacun se réjouissait que cette petite fille, au moins, leur laisse le temps de souffler. Une certaine lenteur dans son développement par rapport à son frère – elle a parlé plus tard, marché plus tard –, ne les a pas inquiétés.

1. Kathleen Kelley-Lainé, *Peter Pan ou l'enfant triste*, Calmann-Lévy, 1992.

Capucine, sans avoir un retard majeur, a cependant des difficultés psychologiques et psychomotrices qui ont nécessité des prises en charge. Sans aucune hostilité à son égard, bien au contraire, ses parents, voulant parer au plus pressé – sa mère surtout, qui assurait les soins aux enfants –, n'ont probablement pas pris assez de temps dans les échanges avec elle et n'ont mesuré ni sa détresse silencieuse, ni les effets de cette détresse sur son développement.

Tous ces exemples, tirés d'une pratique très quotidienne, montrent que le petit enfant peut être très tôt aux prises avec des émotions comme la peur, la tristesse et l'angoisse. Ces émotions, dont certaines sont structurantes et lui garantissent un bon développement, sont pour lui étroitement liées aux échanges avec sa mère. Quand tout va bien, celle-ci se met à l'écoute des besoins de son bébé, veille, prévoit, anticipe, stimule, donne du sens à ses réponses et fait de son enfant un partenaire actif qui va élargir le champ de ses compétences. Ces échanges continus et harmonieux sont indispensables au bien-être affectif de l'enfant et lui assurent un bon développement physiologique, sensoriel et moteur. Ils lui permettent aussi de s'ouvrir peu à peu au monde qui l'entoure et de partir sans crainte excessive à sa découverte...

4

Les phobies

La phobie est un symptôme que l'on rencontre avec une grande fréquence chez l'enfant et l'adolescent. C'est un trouble anxieux qui se caractérise par la peur irraisonnée d'un objet ou d'une situation, sans lien avec un danger dans la réalité. L'enfant met alors en place un système d'évitement, l'« évitement phobique », c'est-à-dire qu'il utilise des stratégies, parfois discrètement, mais systématiquement, pour éviter d'être confronté à l'objet de sa peur. Il n'y a phobie que s'il met en place ces conduites d'évitement. Ce processus le précipite dans une spirale infernale, car si, dans un premier temps, fuir la situation qui suscite son angoisse lui procure un soulagement, ce soulagement est de courte durée et sa peur ne fait qu'augmenter.

C'est un trouble très répandu dans la population générale puisque les études statistiques montrent qu'environ 10 % de la population en souffrirait. On distingue :

– les phobies spécifiques, d'un objet ou d'une situation, qui ont longtemps été appelées phobies simples : celle d'un animal, par exemple, ou encore celle du sang ou des piqûres ;

– les phobies sociales, intimement liées à la peur du jugement des autres, comme la peur de prendre la parole dans un groupe, de participer en classe, de lever le doigt pour répondre ou bien encore de décrocher le téléphone pour appeler quelqu'un. La phobie sociale peut ne concerner que certaines situations spécifiques, mais elle peut être aussi généralisée ;

– l'agoraphobie, qui est la peur des grands espaces, mais qui s'étend à l'idée d'être loin d'un lieu sûr, chez soi par exemple. Elle provoque des situations souvent très invalidantes, puisque, dans des situations extrêmes, les personnes qui en souffrent ne sortent plus de chez elles. Elle crée des sensations d'angoisse parfois paroxysmiques comme des attaques de panique.

Les phobies spécifiques

Ce sont probablement les moins gênantes pour la vie quotidienne. Les enfants et les adolescents en souffrent fréquemment mais, comme elles ne sont pas toujours très invalidantes, elles sont assez rarement l'objet de demandes de consultation. On les découvre plutôt au détour de l'entretien, associées à une autre symptomatologie.

La *peur des animaux* est très répandue. Bien évidemment, la gêne est différente selon l'environnement et les conditions de vie : celui qui a peur des serpents est moins gêné s'il habite en ville qu'en pleine campagne ! Mais les phobiques des pigeons, une phobie assez courante, sont plus malheureux dans une ville comme Paris.

Freud, en son temps, a décrit la phobie du cheval chez « le petit Hans ». Dans *Cinq psychanalyses*, il en analyse le processus chez cet enfant de cinq ans, qu'il ne rencontra jamais, mais dont l'observation lui fut retransmise par le père de l'enfant, Max Graf, un de ses amis. La phobie de Hans consiste donc en une peur intense des chevaux et, surtout, la crainte d'être mordu par l'un d'eux : « La première expression verbale de l'angoisse qu'employa Hans fut : "Le cheval va me mordre"[1]. » Cette peur l'amène, petit à petit, à ne plus vouloir sortir de chez lui. Toute suggestion de promenades au-delà des limites du jardin provoque de véritables angoisses que son père tente, par ses questions, de comprendre, d'analyser et de résoudre.

Le dialogue entre le père et l'enfant est l'occasion d'associer la peur d'être mordu par le cheval à toutes les questions autour de la sexualité que se pose naturellement un enfant de cet âge et le cortège d'angoisses que cela suscite chez lui : angoisse de castration, rivalité œdipienne à l'égard de son père, culpabilité de ses éprouvés agressifs, auxquelles s'ajoutent une jalousie pour sa jeune sœur et une angoisse d'abandon probablement liée, elle aussi, à la naissance du bébé.

Freud a fait l'hypothèse que la peur des chevaux était une manière pour Hans d'exprimer l'angoisse que suscitaient chez lui tous ces questionnements. Il y a vu à l'œuvre deux processus psychiques : le refoulement dans l'inconscient de la rivalité œdipienne et le déplacement de la peur du père vers les chevaux, qui permet une mise à distance rassurante.

Selon l'approche analytique, il y a toujours derrière les phobies un conflit inconscient refoulé qu'il faut s'efforcer de mettre au jour pour surmonter la peur. Nous verrons au dernier chapitre que d'autres approches sont intéressantes et efficaces dans le traitement des phobies.

La *peur du noir* que nous avons déjà évoquée est une phobie spécifique très typique de l'enfance, nous y reviendrons, mais qui peut se prolonger bien au-delà et se rencontre chez des adolescents et des adultes.

Moins courante, mais quand même très fréquente, est la *peur des piqûres ou des prises de sang.*

1. S. Freud, *Cinq psychanalyses*, P.U.F., « Bibliothèque de psychanalyse », 1954, p. 178.

Lorraine, dix ans, pleure plusieurs jours avant d'aller chez son médecin pour les rappels de vaccin. La simple évocation du prochain rendez-vous la fait trembler de peur ; quand elle s'y rend avec sa mère, elle est pâle, silencieuse et a mal au ventre, et lorsqu'elle se retrouve dans le cabinet du médecin face à la seringue, elle perd connaissance, malgré toute la patience du praticien.

Jean-Baptiste, vingt-huit ans, n'a pas peur des piqûres, mais la simple idée d'une prise de sang le fait frémir. Depuis qu'il est très petit, lui aussi perd connaissance chaque fois qu'il faut procéder à ce type d'examen. Avec le temps, il est arrivé à banaliser la situation, mais son malaise persiste.

Dans ce type de situations, l'évanouissement s'explique parce que, loin de s'accélérer comme dans toutes les situations de panique, les battements du cœur se ralentissent (bradycardie) et provoquent la perte de connaissance.

La *phobie des ascenseurs* est très courante : qui ne connaît pas quelqu'un de son entourage qui ne prend pas les ascenseurs ? Consultant dans un appartement situé au sixième étage, j'ai très souvent l'occasion de constater *de visu* cette peur, que nombreux banalisent ou n'avouent pas, prétextant avoir monté les six étages à pied « parce que ça fait du bien »... La peur d'être enfermé, de manquer d'air, est très souvent à l'origine de cette phobie, les ascenseurs plus ouverts que l'on trouve encore dans certains immeubles anciens étant parfois mieux supportés. Ces personnes *claustrophobes* évitent aussi souvent de se retrouver dans des lieux clos surchargés de monde : grands magasins, métro, parfois salles de spectacles.

On trouve encore dans les phobies spécifiques la *phobie de certains aliments* : un très grand nombre d'enfants n'aiment pas les épinards ou les légumes verts en général, d'autres répugnent à manger ce qu'ils ne connaissent pas et ont du mal à « goûter ». J'ai vu des enfants qui ne mangeaient que des pâtes et du jambon, une petite fille qui se nourrissait exclusivement de laitages, de pain et de Nutella... Mais ces comportements cessent le plus souvent quand les enfants commencent à prendre des repas hors de chez eux, chez des amis ou à la cantine. Regarder comment se comportent les autres enfants à table leur permet d'évoluer dans leur propre comportement.

Quelques-uns n'en gardent pas moins, au sortir de l'enfance et même de l'adolescence, une véritable phobie pour un aliment particulier :

> Frédéric, vingt-cinq ans, ne supporte absolument pas de manger de la purée de pommes de terre et, dans une moindre mesure, tout ce qui peut en avoir un peu la consistance ou la couleur, par exemple la béchamel. Ce dégoût est ancien. En cherchant avec lui, on en trouve l'origine à cinq ans. À cet âge, en effet, Frédéric, qui avait une bronchite, se rappelle qu'au cours d'un dîner où il mangeait de la purée, il a été pris d'une quinte de toux et que celle-ci a provoqué un vomissement qui lui a fait très peur. Depuis vingt ans, il refuse absolument de manger cet aliment car, dit-il, il a peur de vomir ou de s'étouffer.

On voit bien comment la rencontre malencontreuse de la toux et du vomissement de la purée a provoqué cette phobie. Les phobies ayant tendance à se généraliser, son dégoût de la purée s'est étendu à des aliments proches par leur consistance ou leur couleur. Avec le temps et les contraintes sociales, Frédéric a pris sur lui de manger ce qu'il refusait lorsqu'il était plus jeune, mais la phobie de la purée demeure et, dans une moindre mesure – « uniquement quand je suis très stressé » dit-il –, la peur d'avaler. Cette *peur de la déglutition*, qui peut être très préoccupante puisqu'elle empêche la personne de se nourrir par des aliments solides, ne l'a heureusement jamais empêché de se nourrir normalement. En cherchant encore un peu plus loin avec lui, on se rend compte qu'il a été un enfant prématuré en grande détresse respiratoire et intubé pendant plusieurs semaines. On peut se demander si cette situation n'a pas favorisé cette peur de l'étouffement qu'il redoute encore parfois aujourd'hui.

La *phobie des hauteurs* peut amener certaines personnes à éviter de se retrouver en l'air. On pense tout de suite à la phobie de l'avion, mais en réalité cette phobie, comme nous allons le voir, rassemble différents types phobiques. En revanche, les phobiques des hauteurs refusent par exemple de monter sur un télésiège, détestent se retrouver au bord d'une falaise ou sur le balcon d'un étage élevé.

Les gens s'accommodent assez bien de ce genre de phobies et organisent leur vie en évitant de se retrouver dans les situations qui leur font peur. Il y a souvent une tolérance de l'entourage qui dramatise rarement les situations, mais qui du coup favorise le maintien du trouble, l'évitement étant un facteur de maintien et de renforcement de la phobie.

Les phobies sociales

La phobie sociale est la peur de se retrouver avec d'autres dans une situation dans laquelle on risquerait d'être ridicule ou humilié. Le regard des autres, le contact, l'échange sont insupportables et provoquent une attitude de repli, source de nombreuses souffrances et d'une complication infinie dans la vie quotidienne, faite de contacts et d'échanges. Dans les cas les plus graves, la personne ne communique qu'avec un cercle très restreint de proches et peut ne plus sortir de chez elle.

Il y a heureusement différents degrés dans la phobie sociale, et beaucoup de phobiques sociaux ne le sont pas de façon aussi paroxystique. La phobie sociale n'est alors pas généralisée.

On rencontre cependant de nombreux enfants et adolescents gênés dans leur vie quotidienne par cette peur des autres, à des degrés divers. Pour la plupart d'entre eux, cette peur se limite à une situation particulière :

Thaïs a douze ans. Elle est en cinquième dans un collège assez élitiste de son quartier et ses résultats scolaires sont tout à fait honorables. Pourtant, ses parents s'inquiètent car, depuis quelque temps, Thaïs se fait beaucoup de souci pour son travail, a souvent mal au ventre la veille des contrôles et n'est plus aussi gaie qu'avant.

Thaïs est l'aînée de sa famille. Elle a une sœur de neuf ans et un frère de cinq ans. Ses parents, qui vivent ensemble, la décrivent comme très facile, calme, consciencieuse, encore tout à fait docile avec son frère et sa sœur malgré le début de la puberté. Il n'y a pas eu d'événements perturbants dans les mois qui ont précédé ni dans l'histoire familiale.

À l'entretien, Thaïs fait rapidement état de son anxiété par rapport à l'école. Au cours du bilan psychologique qui lui est proposé, on remarque des réactions émotives et anxieuses fortes face aux consignes qui lui sont données, essentiellement dans les épreuves limitées dans le temps.

Thaïs souffre d'une *anxiété de performance*. Elle a un désir de réussite intense, mais elle manque de confiance en elle et se pense incapable de faire face aux difficultés qu'elle serait pourtant tout à fait en mesure d'affronter. Armée sur le plan intellectuel pour réussir autant qu'elle le souhaite, Thaïs a besoin qu'on l'aide à retrouver une meilleure estime d'elle-même. C'est cette estime qui fait le plus souvent défaut aux personnes souffrant de ce type d'anxiété sociale.

Clémentine, dix-huit ans, est un autre exemple d'anxiété de performance. Chez elle, le symptôme est très isolé. C'est une adolescente vive et très sociable qui a de nombreux amis et est épanouie dans sa vie affective et relationnelle. Toutefois, aux examens, elle éprouve un trac qui la met en réelle difficulté au moment des épreuves, alors qu'elle a tout pour réussir. Ce trac l'épargne à l'oral, au cours de ce type d'épreuves, elle est à l'aise et peut même être brillante. En revanche, les écrits la terrorisent et elle est capable de ne rien produire alors qu'elle a les connaissances suffisantes pour construire son devoir. Elle s'est rendu compte de ses difficultés en seconde, en commençant à passer des bacs blancs. Les choses n'ont fait qu'empirer en première littéraire où chaque devoir de français était source d'une anxiété intense. C'est à ce moment-là qu'elle a consulté.

Chez Clémentine, cette angoisse par rapport à son travail est en lien avec un idéal de réussite très élevé : plutôt ne rien écrire que de rendre un devoir qui risquerait d'être moyen. La vie professionnelle brillante de ses deux parents et une histoire familiale où le mythe de la réussite est très prégnant expliquent en partie son attitude, par rapport à laquelle elle a pu beaucoup progresser par la suite.

La *timidité* peut être un simple trait de caractère, une composante de la personnalité. D'emblée, le timide n'est pas à l'aise avec les autres, il lui faut un certain temps pour se détendre et se montrer au naturel. Les situations nouvelles l'inquiètent, mais, une fois qu'il a trouvé ses repères, son inhibition cède la place à un fonctionnement ordinaire. Il y a bien sûr des timides chez les enfants et les adolescents et, dans une même famille, l'un peut être timide et l'autre pas.

C'est ce que me dit Max, huit ans, qui vient de changer d'école à l'occasion du déménagement de ses parents et qui a un peu de mal à se faire une place dans un groupe d'enfants en ce début d'année scolaire. « Quand j'arrive dans la cour ils jouent déjà », ajoute-t-il, pour m'expliquer sa difficulté à s'imposer. Il envie son jeune frère de six ans qui « n'est pas du tout timide, parle à tout le monde et se fait des copains tout de suite ».

Sa mère me confirme que l'un est réservé et n'aime pas les changements, alors que l'autre s'adapte avec une très grande facilité à toutes les situations. Cela dit, au bout de quelque temps, Max trouvera ses repères et pourra alors communiquer avec ses camarades, à sa plus grande satisfaction.

Le timide, plus que les autres, a peur d'être jugé. Très réactif aux critiques, il se protège d'éventuelles attaques en se faisant le plus petit possible, le plus neutre. Il bouge peu, garde souvent la tête baissée, évite de croiser le regard, parle à voix basse, parfois rougit quand on le sollicite de façon trop pressante. Il n'entre pas spontanément en relation avec les autres et donne rarement son avis librement.

Personne n'est épargné par un moment de timidité, et c'est même un signe de bonne santé psychique ! Mais il y a des timidités plus pathologiques, qui s'apparentent très franchement à une phobie sociale.

Audrey, treize ans, est décrite comme timide : « Je l'ai toujours été, dit-elle, mais seulement avec les gens que je ne connais pas, avec mes amis, ça va. » Fille unique, elle ne pose aucun problème à ses parents, qui consultent avec elle sur les conseils d'un professeur qui s'inquiète de son silence et de son manque de participation en cours alors qu'elle est bonne élève. Eux-mêmes se disent de tempérament réservé. Satisfaits dans leur emploi, ils occupent leurs loisirs par des activités culturelles qu'ils partagent avec leur fille, mais ils ont un cercle restreint d'amis et reçoivent peu chez eux. La réserve de leur fille ne les surprend pas et ils n'ont pas remarqué qu'Audrey évitait systématiquement de se trouver dans certaines situations : elle s'est inscrite à un groupe de théâtre, mais a renoncé à y aller « parce que cela lui prenait trop de temps », elle n'a pas voulu participer à un voyage de classe et, en dehors du collège, elle ne voit régulièrement que deux bonnes amies. D'autre part, elle admet que l'observation de son professeur est juste : elle n'ose pas répondre en classe, ou bien seulement si on l'interroge.

En réalité, Audrey est plus que « simplement timide » : elle adopte des conduites d'évitement régulièrement et depuis longtemps, qui font penser à une anxiété sociale pour laquelle on peut l'aider.

Grégory lui aussi est plus que « simplement timide ». À dix-sept ans, il commence à être considérablement gêné par cette peur des autres qui le paralyse. Quand il s'adresse à moi, tout son comportement évoque une forte inhibition : il parle à voix basse, se racle fréquemment la gorge ; il répond à mes questions par des phrases courtes qui commencent le plus souvent par « je ne sais pas ». Il se frotte souvent les mains l'une contre l'autre. Assis en face de moi, il a du mal à soutenir mon regard et fronce les sourcils. Loin d'avoir diminué avec l'âge, ce qui peut être le cas, sa timidité n'a fait qu'augmenter. À l'adolescence, sa peur d'aller vers les autres est un frein puissant, d'autant qu'il est dans un grand lycée où, chaque année, les élèves se retrouvent dans des classes différentes. Il situe d'ailleurs l'augmentation de son trouble à l'entrée dans ce lycée car, dans son collège, il avait ses repères et un bon groupe d'amis. Grégory souffre de cette inhibition. Du coup, il en veut à tout le monde et exprime bien sûr son agressivité en famille, seul lieu où il puisse le faire librement.

C'est cette agressivité qui a été le motif de la consultation, demandée par ses parents, mais c'est sa timidité « maladive » qui sera cernée comme souffrance justifiant une aide psychothérapique.

Les enfants plus jeunes peuvent eux aussi avoir un degré de timidité qui perturbe leur vie quotidienne. Certains craignent le contact avec l'adulte, mais sont à l'aise avec les enfants de leur âge, d'autres, au contraire, ont un rapport facile avec les adultes, mais appréhendent la rencontre avec les autres enfants.

À six ans, Gabriel semble avoir face aux adultes une timidité qui ressemble à une vraie peur. Il n'est pas à l'aise même avec ses grands-pères, leur dit bonjour avec difficulté, ce qui met ses parents dans une position délicate à chaque visite : « On finit par éviter les rencontres parce qu'à chaque fois ça se passe mal et on a droit à des réflexions », disent-ils. Quand leurs amis viennent chez eux, Gabriel refuse de venir leur dire bonjour et reste dans sa chambre. À l'école, par contre, il est à l'aise, il a des amis, et son institutrice n'a rien remarqué de particulier dans son comportement social.

La réserve de Gabriel face aux adultes et le système d'évitement qu'il est en train de mettre en place méritent que l'on s'en préoccupe. Le mode coercitif employé par ses parents que cette opposition agressive, perçue comme un caprice, agace, est bien sûr sans effet. Il renforce au contraire le blocage de leur fils en rendant la situation chaque fois plus dramatique. Gabriel a besoin d'être rassuré sur ce que les adultes attendent de lui, sur leur mode de communication qui ne ressemble pas à celui des enfants. Seul un système de renforcement positif, d'encouragement et de récompense lui permettra de sortir de l'impasse.

Chez un enfant très jeune, la peur des enfants du même âge peut revêtir des formes aussi opposées que l'inhibition massive ou l'agressivité. Elle apparaît souvent à l'entrée à l'école maternelle, surtout quand l'enfant n'a pas été habitué à une vie collective auparavant, crèche ou halte-garderie. Il ne connaît pas les codes de la vie en groupe et se sent totalement désemparé. Pour se protéger, certains adoptent une position de repli et d'évitement très phobique, d'autres agressent et passent pour des caïds dans la cour de récréation...

Cécile a quatre ans. Elle est en moyenne section de maternelle. Ses parents consultent car l'institutrice leur a signalé qu'elle n'entendait jamais le son de sa voix... Moi je l'entends parler, mais à voix basse, dans une sorte de chuchotement craintif. À l'école, elle observe les autres, mais ne participe pas aux activités. En première année de maternelle déjà, elle restait sur un banc jusqu'à ce qu'on aille la chercher et attendait que l'enseignante la prenne par la main pour se déplacer. Cette année, ses parents s'inquiètent d'autant plus que Cécile a refusé de rester à un anniversaire où sa mère l'avait emmenée et qu'elle n'a pas voulu suivre un cours de ski pendant les vacances. C'est une enfant qui a été gardée dès la reprise de travail de sa mère par une nounou à domicile. Elle n'est pas allée en halte-garderie.

En recherchant avec sa mère ce qui a pu amener Cécile à être aussi démunie et effrayée devant les autres enfants, on se rend compte que la nounou, elle-même probablement phobique, n'a pas du tout accompagné Cécile dans sa rencontre avec d'autres enfants : au jardin, par exemple, elle ne parlait jamais aux autres personnes présentes, gardait Cécile à ses côtés, ne supportant pas qu'elle s'éloigne et, quand un enfant s'approchait, l'écartait « pour la protéger ». Son père semble avoir la même réaction de surprotection, que l'on retrouve aussi chez les grands-parents maternels chez qui Cécile se rend souvent. On voit bien que cette enfant n'a donc pas eu du tout l'occasion de « s'exercer » dans ses rapports avec les autres et que l'entrée à l'école maternelle, juste avant ses trois ans, a sans doute été trop brutale. Cette immersion subite a suscité une angoisse forte et mis en marche un système d'évitement phobique.

Chez des enfants plus âgés, la peur des autres peut aussi

découler d'un manque d'aisance, d'un manque de répondant face à des situations où l'enfant ou l'adolescent est malmené par les autres :

> Basile, onze ans, est en sixième. Petit de taille, il a les cheveux roux et bouclés. Cela ne lui a posé aucun problème à l'école, ou bien il ne s'en souvient pas, mais en ce début de deuxième trimestre, Basile ne va pas bien. Il a souvent mal à la tête, est triste, sans entrain. À trois reprises, il s'est senti si mal qu'il n'est pas allé au collège. Ses parents, attentifs, ont parlé avec lui et il est ressorti de cette conversation que Basile est la cible de moqueries depuis le début de l'année, de la part d'un groupe de trois garçons qui le traitent de « nain » et l'appellent « carotte ». Basile est totalement démuni devant ces attaques qui touchent le point sensible de sa petite taille à une époque où certains, dans sa classe, ont commencé à gagner plusieurs centimètres. Il manque d'aisance, de répondant face aux moqueries, et cela finit par l'angoisser et déclencher chez lui un processus phobique.

Il a suffi de discuter avec lui de son inquiétude par rapport à son image et de l'aider à trouver des réponses adaptées à l'agressivité de ses camarades pour que Basile surmonte facilement ses peurs.

La *peur de parler en public* est une phobie sociale limitée qui peut être plus ou moins invalidante. On la rencontre aussi chez les enfants. Ainsi Matthieu, neuf ans, ne supporte-t-il pas de réciter en classe les poésies qu'il a pourtant apprises consciencieusement chez lui. Compréhensive, son institutrice s'est résignée à les lui faire réciter en tête à tête, après le départ des autres enfants.

Bien sûr, cette peur se rencontre à une plus grande fréquence plus tard, quand les occasions sont plus nombreuses d'être confronté à ce genre d'exercice. Il est très banal d'appréhender de prendre la parole devant un groupe de personnes réunies pour vous écouter. Mais, en général, une fois au cœur de l'action, la peur baisse, puis disparaît complètement pour laisser place, parfois, à un certain plaisir. La peur pathologique, elle, ne diminue pas, au contraire ; elle augmente même et donne un sentiment de malaise intense qui rend l'exercice impossible ou en tout cas très douloureux.

Sophie, vingt-trois ans, a fait de brillantes études de droit. Très à son aise lors des épreuves écrites, elle n'aimait pas beaucoup les oraux, mais surmontait sa peur de ce tête-à-tête, somme toute assez bref, avec son interlocuteur. Les choses se sont compliquées quand elle a préparé l'examen qui devait la mener à sa profession d'avocat. Aux épreuves écrites s'ajoutaient des épreuves orales et surtout un « grand oral ». Plusieurs mois avant l'épreuve et avant même de savoir si elle serait admise à s'y présenter, Sophie a commencé à imaginer des scénarios catastrophes qui l'angoissaient. Le plaisir de son succès aux épreuves écrites a très vite été terni par la perspective de cet oral qui la terrifiait. Le jour de l'examen, elle n'a pas pu comme les autres fois maîtriser sa peur : mains moites, jambes molles, estomac noué, sa pensée s'est trouvée parasitée, ralentie par l'angoisse et elle n'a pu donner d'elle-même et de ses connaissances qu'un pâle reflet...

L'agoraphobie et le trouble panique

L'*agoraphobie* désigne la peur des grands espaces. En réalité, les personnes agoraphobes ont peur de se retrouver seules dans des endroits où il leur apparaît impossible ou compliqué de trouver une sortie ou du secours : en avion, en voiture et notamment sur les autoroutes, mais aussi dans le métro, l'autobus, sur une grande place ou sur un pont... L'agoraphobie s'accompagne très souvent d'*attaques de panique*, qui sont des manifestations d'angoisse extrême. Elles surviennent brutalement, dominées par un malaise physique intense : palpitations, sueurs, tremblements, nausées, douleurs abdominales, vertiges, sentiment d'irréalité. Le malaise psychologique est tout aussi violent : peur de mourir, de devenir fou ou de faire n'importe quoi ! Agoraphobie et attaques de panique sont cependant définies comme des entités psychiatriques distinctes.

Si l'on peut observer chez l'enfant, dans certaines situations, des crises d'angoisse paroxystiques qui ressemblent à des attaques de panique, on rencontre peu d'enfants qui ont des plaintes agoraphobiques, leur manque d'autonomie justifiant qu'ils soient accompagnés d'adultes rassurants pour se déplacer ou lorsqu'ils s'éloignent de chez eux. Cependant, certains peuvent présenter ce genre de trouble :

> Alexis, dix ans, vient régulièrement, seul ou avec ses parents, car il a des difficultés scolaires liées à sa précocité intellectuelle et à une certaine immaturité affective. De retour de vacances, il me raconte cet épisode : « On était en bateau en Corse, tout allait bien et puis soudain je me suis senti mal, j'avais froid, une boule dans la gorge, un peu mal au ventre, je ne sais pas pourquoi, mais je voulais qu'on rentre absolument, les parents ne voulaient pas, je me suis mis à trembler très fort, à avoir mal aux jambes, quand ils m'ont vu si mal on est rentré, on a vu le médecin qui a dit que j'avais fait une crise de spasmophilie. »

Ce jour-là, malgré la présence de ses parents et l'atmosphère détendue des vacances, Alexis a fait une attaque de panique, probablement déclenchée par le sentiment d'être « coincé » sur ce bateau sans pouvoir s'échapper comme il l'aurait souhaité. On retrouve chez ce garçon la peur de l'agoraphobe qui veut se retrouver en lieu sûr.

Mais c'est à l'adolescence, et souvent à la fin de l'adolescence, que surviennent fréquemment attaques de panique et agoraphobie. Il n'est pas toujours très facile de déterminer si l'attaque de panique a instauré l'agoraphobie ou si c'est l'inverse.

> Félicité, vingt ans, est en troisième année d'études supérieures. Vive et sociable, elle offre un contact excellent. Elle consulte car, depuis quelques semaines, elle se sent « très mal », dit-elle, quand elle se déplace en voiture pour aller de chez elle à son école située dans la banlieue parisienne. Quand je lui demande de me décrire son malaise, elle évoque une attaque de panique : crise de tachycardie, pour laquelle elle a déjà consulté un cardiologue, nausées, vertiges... Elle appréhende de plus en plus de se rendre à ses cours, mais elle n'a pas le choix et continue quand même d'y aller avec l'anxiolytique prescrit par le cardiologue qui l'a rassurée sur son état de santé. La première crise a eu lieu, « extrêmement brutalement, raconte-t-elle : en deux minutes, l'horreur, j'ai cru que j'allais mourir sur place... »

En parlant avec elle on apprend que Félicité a été très secouée, dans les jours précédant la crise, par la mort accidentelle d'une amie. Cet événement l'a fragilisée et a favorisé l'apparition de la première crise, mais on ne tarde pas à repérer chez elle d'autres signes qui font penser à une agoraphobie préalable : elle ne prend pas l'avion, déteste les télécabines et n'aime pas les endroits où il y a trop de monde ; par exemple, elle évite d'aller à des concerts alors qu'elle aurait aimé une ou deux fois y accompagner des amis. Chez Félicité, on voit bien qu'attaque de panique et agoraphobie sont intimement liées, et que, probablement, l'agoraphobie est antérieure à la première crise d'attaque de panique.

Il arrive aussi que des attaques de panique inaugurent l'agoraphobie. L'attaque de panique peut s'enclencher à partir d'un symptôme physique, par exemple un léger état grippal qui fatigue et provoque des frissons, un engourdissement, un mal de tête. La personne va interpréter ces symptômes de façon erronée et son inquiétude va évoluer en crise d'angoisse. Pour peu qu'elle soit à ce moment-là dans sa voiture au milieu d'un embouteillage, ou sur le quai du métro quand il arrive, elle va associer malencontreusement les deux événements et ensuite anticiper sa peur de se retrouver dans la même situation !

On peut aussi avoir eu une attaque de panique dans un lieu familier et ensuite avoir peur de se retrouver dans des endroits où ces attaques de panique ne pourraient être soulagées : dans les grands espaces, les avions, le métro, ou bien dans la rue, tout simplement...

C'est le cas de Catherine, qui a commencé à avoir des crises de panique à dix-neuf ans, quelques mois après la mort brutale d'un de ses frères. La première a eu lieu chez elle, au moment d'un repas familial. Brutalement, dit-elle, « j'ai eu du mal à respirer, j'ai cru que j'allais étouffer, je suis sortie précipitamment, mais j'avais le cœur à deux cents à l'heure et le sentiment que j'allais mourir dans la seconde ». Le médecin appelé d'urgence a diagnostiqué une crise de « spasmophilie » et prescrit des vitamines et un anxiolytique. Ensuite, Catherine a commencé à appréhender de se retrouver à la table familiale, mais, ses parents n'étant pas particulièrement tolérants, elle s'y est résignée, tout en obtenant que la porte de la salle à manger reste ouverte. Il n'y a pas eu d'autres crises dans ce contexte. Cependant, elle a développé une peur intense de certaines situations : aller au restaurant, dans les grands magasins et elle a cessé de prendre l'avion.

Ici, c'est l'attaque de panique initiale qui a déclenché la mise en place d'un système d'évitement et le processus d'agoraphobie, car Catherine anticipe les crises et a peur de se retrouver dans des endroits où elle ne pourrait être soulagée. Comme chez Félicité, on repère un événement traumatique : un deuil survenu brutalement chez de grands adolescents. Cet événement a sûrement favorisé les crises : il est clair que l'identification, chez l'une et l'autre, à ces proches *de leur âge* a pu susciter une angoisse de mort très vive et, du coup, renforcer ou enclencher le processus phobique. En séance, elles ont d'ailleurs abondamment évoqué les émotions suscitées par ces deuils, pour leur plus grand bien.

Mais si des événements stressants sont souvent mis au jour peu de temps avant la première crise, ce n'est pas toujours le cas. Et on retrouve aussi fréquemment dans l'enfance de ces patients des séparations précoces qui ont pu susciter une angoisse d'abandon. C'est encore le cas chez Félicité et Catherine : les parents de Félicité ont divorcé lorsqu'elle avait six ans ; quant à Catherine, son père est mort quand elle en avait dix. Plus généralement, on constate une composante anxieuse dans l'environnement familial des adolescents susceptibles d'attaque de panique et d'agoraphobie.

Ce qui reste constant chez eux, c'est, comme chez Catherine, la peur qu'une nouvelle crise survienne, la *peur d'avoir peur*, qui favorise la mise en place du système d'évitement phobique.

Pour Éric Albert, psychiatre spécialisé dans le traitement des troubles anxieux, « dans les trois quarts des cas, les patients agoraphobes ont présenté, préalablement, des attaques de panique. Parfois, ces peurs sont en liaison directe avec les circonstances de la dernière attaque de panique... mais souvent ces peurs ne sont pas en relation avec les circonstances elles-mêmes, mais avec le vécu de la crise [1]. »

On le voit, les phobies s'expriment de différentes manières. Elles sont très répandues dans l'ensemble de la population et touchent les enfants aussi bien que les adolescents et les adultes. C'est leur intensité et la gêne qu'elles repré-

1. Eric Albert, Laurent Chneiweiss, *L'Anxiété au quotidien*, Odile Jacob, p. 113.

sentent dans la vie quotidienne qui incite à consulter. Mais ceux qui souffrent de ce trouble, quel que soit leur âge, hésitent encore trop souvent à en parler, comme s'ils en avaient un peu honte. Du coup, ils souffrent parfois longtemps sans être soulagés alors que leur vie est douloureuse et compliquée depuis longtemps.

En tant que parents, sans dramatiser pour autant, il faut penser à une phobie quand un enfant ou un adolescent commence, par mille et un stratagèmes, à éviter une situation. Quand il évoque son angoisse, rien ne sert de lui dire qu'il n'y a pas de danger, qu'il s'inquiète pour rien, voire que tout cela est ridicule. Il faut au contraire l'écouter, compatir, le rassurer sur le fait que ce trouble est partagé par un grand nombre de personnes, mais essayer de ne pas aller dans le sens de son évitement.

Quand l'enfant est jeune, un accompagnement parental rassurant et ferme suffit souvent à le faire sortir de l'impasse. Quand il est plus âgé ou que les troubles persistent malgré toutes les bonnes volontés, il faut aller plus loin et l'inciter à consulter.

5

Les peurs et les phobies de la période œdipienne

Les peurs et les phobies sont particulièrement fréquentes et nombreuses au cours de la période œdipienne, c'est-à-dire entre trois-quatre ans et six-sept ans. À cet âge, l'enfant est aux prises avec des conflits psychiques complexes qui l'angoissent. Le petit garçon fait tout pour susciter la tendresse de sa mère, mais craint la compétition que cela entraîne vis-à-vis de son père. La petite fille, quant à elle, fait ce qu'elle peut pour charmer son père et redoute les sentiments de rivalité et l'agressivité qu'elle éprouve à l'égard de sa mère. L'un et l'autre sont donc aux prises avec des fantasmes incestueux à l'endroit du parent du sexe opposé. Cette angoisse dite de castration est à l'origine d'une forte culpabilité et d'une foule de sentiments pleins de contradiction, de doute, d'angoisse qui questionnent aussi la sexualité puisqu'il y a alors prise de conscience de l'importance de la différence des sexes et des générations : le petit garçon doit admettre qu'il ne sera jamais « l'amoureux » de sa mère, même s'il le proclame longtemps haut et fort, et la petite fille doit renoncer au rêve merveilleux d'avoir, « comme maman », un bébé de son père...

En plus d'un sentiment de culpabilité, toutes ces questions qui l'accaparent et le tourmentent nourrissent chez l'enfant de cet âge une peur de la sanction, importante et structurante puisqu'elle va être le moteur de sa résignation. Devant cette nécessité de faire face à des émotions très inconfortables, il va tout mettre en œuvre pour les tenir à distance et les enfouir au plus profond de son inconscient. C'est un vrai travail de renoncement, difficile, douloureux, qui explique le caractère souvent pénible de l'enfant à ce moment-là : exigeant, insatisfait, coléreux... Il a le sentiment de ne pas être compris, sans doute parce que lui-même a du mal à saisir l'ambivalence qui le domine. Il voudrait que ses parents le devinent instinctivement, « sans palabre ». Comme l'écrit Antoine de Saint-Exupéry dans *Le Petit Prince*, il prétend que « les grandes personnes ne comprennent jamais rien toutes seules, et [que] c'est fatiguant pour les enfants de toujours et toujours donner des explications ».

Mais heureusement, avec le soutien de ses parents et notamment de son père ou d'un substitut désigné par la mère comme « pouvant signifier la loi », l'enfant va peu à peu intégrer les règles et les interdits parentaux – c'est la mise en place du « surmoi », sorte d'agent de censure interne –, et commencer un mouvement d'identification au parent du même sexe. Tout cela – refoulement de l'agressivité vis-à-vis des figures parentales, reconnaissance des interdits et acceptation des règles surmoïques – va lui permettre de libérer une énergie tout à fait nécessaire pour s'ouvrir au monde extérieur, à ses amis par exemple, et de trouver du plaisir dans les apprentissages scolaires qui lui sont proposés à peu près au même moment.

Cette « immaturité affective » dont on parle tant à l'école quand un enfant est en difficulté d'apprentissage signifie justement qu'il n'en a pas fini avec tout le travail de renoncement œdipien et qu'il ne peut pas, sinon dans la souffrance et sans aucun plaisir, utiliser son énergie ailleurs.

Une fonction structurante

La phobie occupe une place privilégiée dans la vie de l'enfant à ce moment-là, car elle prend alors une fonction particulière. C'est en effet un mécanisme psychique très utile qui lui permet de tenir à distance toute l'angoisse que fait naître en lui son agressivité ou tout du moins son ambivalence vis-à-vis de ses parents : elle déplace cette angoisse qui est en lui vers un objet ou une situation précise. Ainsi, la phobie a alors une fonction structurante, on peut même dire qu'elle est nécessaire, car elle évite à l'enfant d'être envahi par cette angoisse qui pourrait sinon devenir très désorganisante.

C'est ce que Freud décrit quand il évoque le cas du petit Hans : sa peur des chevaux – notamment d'être mordu par eux – se substitue à la peur du père, vis-à-vis duquel il éprouve des sentiments très mélangés, faits d'amour, d'admiration, mais aussi d'agressivité et de rivalité.

On trouve, dans le quotidien des consultations psychologiques pour enfants, de multiples exemples de ces peurs qui les paralysent à cet âge, peuvent les faire vivre dans l'angoisse et déclencher un système d'évitement phobique tenace.

La peur du noir, déjà évoquée comme faisant partie des peurs universelles, est des plus banales chez l'enfant entre trois et cinq ans. Pour autant, cette banalité ne la rend pas moins terrifiante pour le malheureux qui se couche la lumière allumée dans le couloir et se réveille, au plein milieu de sa nuit, dans l'obscurité la plus totale parce que quelqu'un a oublié d'appliquer la consigne répétée plutôt dix fois qu'une : « T'oublie pas de laisser la lumière ouverte ! » Elle survient brutalement, volontiers à l'occasion d'un changement dans les habitudes, par exemple une arrivée sur un lieu de vacances. Un enfant qui, jusque-là, n'avait pas manifesté d'inquiétude particulière va tout à coup devenir anxieux. L'obscurité l'empêche de contrôler son environnement, il perd ses repères, ne sait plus où il est, et ce d'autant plus s'il se retrouve dans un lieu moins familier : « La nuit, j'ai peur de me cogner », dit Théo, cinq ans, qui a du mal à maîtriser cette peur du noir qui le fait pleurer quand vient l'heure de se coucher.

Le plus souvent, les parents se montrent patients, compréhensifs, probablement parce qu'ils ont gardé le souvenir de leur propre peur au même âge, qu'ils se rappellent qu'ils sont passés par là... Ils ont tout à fait raison de ne pas aborder le problème trop abruptement, même si l'objectif reste d'aider l'enfant à surmonter rapidement sa peur : compassion et compréhension sont de mise, sans dramatiser pour autant ! Lui montrer qu'on le comprend, tout en lui signifiant que l'on reste extérieur au phénomène, lui faire décrire le danger qu'il imagine, le faire réfléchir à des stratégies « de secours », comme « si j'ai trop peur, je peux allumer et éteindre seul la lumière » l'aident bien souvent à envisager les choses sous un angle moins dramatique...

Au même moment, c'est-à-dire vers trois ou quatre ans, la peur de s'endormir ou de dormir seul est très fréquente. Plus dérangeante aussi pour les parents ! Elle est très caractéristique de cette période conflictuelle pour l'enfant, de son désir de prendre toute la place, d'occuper le terrain. Sans en avoir conscience, il veut savoir ce qui se passe « derrière la porte », entre ses parents, la nuit, quand il n'est pas là ; il rêve d'être avec eux et fait tout pour retarder le moment où ils se retrouveront en tête à tête. Alors il se relève quinze fois : il a oublié de dire quelque chose, « mais promis c'est la dernière », ou a soudain très mal au ventre, ou trop chaud ou trop froid...

L'attitude des parents au début de ces manifestations – « ordinaires », répétons-le, quand il s'agit d'un enfant de cet âge – est déterminante pour la suite. Il est clair que la plus grande cohérence est nécessaire pour que les choses rentrent rapidement dans l'ordre et qu'une attitude compréhensive, affectueuse mais ferme, est indispensable. L'enfant saisit immédiatement si ses parents s'accordent ou non sur la conduite à tenir, et il profitera au plus vite de la plus petite divergence entre eux. Sur cette délicate question du coucher, mieux vaut donc vraiment s'accorder et ne pas montrer de dissensions devant lui, car il sera trop content d'en profiter. Il suffit parfois de respecter certains rites qui vont le rassurer et garantir la tranquillité de tous. Cela n'en fera pas un grand obsessionnel pour autant ! Diego, quatre ans, dit au revoir à ses peluches ; Fanny, qui a le même âge, choisit la poupée qui passera la nuit avec elle ; Claire réclame un biberon au pied de son lit. Le doudou ou la couche que l'enfant suce avec volupté sont des présences rassurantes, *objets transitionnels* qui représentent la mère et permettent de supporter son absence, ce qui n'a rien d'évident !

Un peu plus tard, vers cinq ans, apparaissent dans la vie fantasmatique des enfants ces personnages un peu monstrueux, ogres, voleurs, fantômes, loups, dont la probable rencontre les inquiète au plus haut point. Ils logent sous le lit, derrière les rideaux, dans l'ombre de la fenêtre, dans un endroit particulier de la maison... Ils sont essentiellement présents le soir au moment du coucher. Ils proviennent d'un dessin animé ou bien sont les héros de livres dont les enfants sont pourtant friands. Encore petits, ils ont du mal à faire la part des choses entre la fiction et la réalité ; leur imaginaire se nourrit de toutes ces images vues et histoires entendues.

Plus tard, ils savent bien que les fantômes n'existent pas et qu'ils ont peu de chances de vraiment trouver un ogre sous leur lit, mais leur peur est la plus forte... Mais, là encore, ces personnages sont utiles : dans l'inconscient de l'enfant, ils représentent le père qui sépare de la mère, fixe les interdits, fait grandir donc, tout en suscitant inquiétude, agressivité et culpabilité. Leur présence dans sa vie imaginaire montre que le travail de renoncement œdipien opère et que l'intégration des interdits, indispensable à sa structuration, se met en place.

Certains enfants ont aussi peur, dans la journée, de personnes qui leur paraissent étranges : un mendiant dans la rue, une personne qui marche avec des béquilles. Dominique, qui était une enfant joyeuse, choyée et pas particulièrement anxieuse, se rappelle que, vers cinq-six ans – elle n'en a pas le souvenir plus tôt –, elle avait une peur irraisonnée des personnes âgées ; chez ses grands-parents, elle évitait systématiquement de rencontrer son arrière-grand-père. Ses parents lui ont dit avoir essayé de lutter contre cette vraie phobie, en vain. Vincent évoque, lui, sa peur d'un oncle qui marchait avec des béquilles immenses et très menaçantes pour le gamin de cinq ans qu'il était, et la colère de son père qui comprenait mal cette attitude et y voyait un caprice. Dans l'imaginaire de Dominique et Vincent, ces personnages devaient effectivement susciter un sentiment d'« inquiétante étrangeté » mais, comme les ogres, les voleurs et autres fantômes, ils venaient à la place du père et étaient chargés de toute la culpabilité que celui-ci suscitait inconsciemment chez eux à ce moment particulier de leur vie.

Pour d'autres, ce sont certains animaux qui cristallisent l'angoisse, sans aucun lien avec le danger qu'ils peuvent représenter dans la réalité : les araignées arrivent en tête à cause de leur aspect désagréable, mais il y a aussi les fourmis, les guêpes, les oiseaux, sans parler des serpents, des limaces, des chiens, plus rarement des chats. Les parents doivent faire preuve de patience et se dire que, généralement, la peur s'efface comme elle était venue, du jour au lendemain. Il est bien que l'enfant sente qu'ils comprennent sa peur, mais qu'ils n'y participent pas et ne rentrent pas dans son jeu. Ils ne doivent surtout pas changer leur façon d'être ou leurs projets, comme ces parents qui avaient renoncé à aller chez des amis à la campagne parce ce que ceux-ci avaient un chien dont leur fille de cinq ans avait peur. Une telle attitude laisse penser à l'enfant qu'on peut être gouverné par ses peurs, ce qui ne présage rien de bon pour l'avenir.

Cauchemars et terreurs nocturnes

Vers trois ou quatre ans, l'enfant se réveille, souvent dans la deuxième moitié de la nuit, et vient dans la chambre de ses parents pour leur dire qu'il a fait un cauchemar. Fantômes, ogres, voleurs et loups se retrouvent présents dans son récit, parfois flou et pas très cohérent.

Quand je rencontre des enfants de cet âge, il est rare qu'ils n'aient pas un cauchemar à me raconter, fait dans les jours qui précèdent :

> Je reçois Marie, cinq ans, à la demande de ses parents pour évaluer si elle peut passer en CP un peu avant ses six ans, car elle est née en janvier. Elle semble gaie et épanouie. Mais quand je lui demande si elle dort bien la nuit, elle répond : « Oui, mais quelquefois je fais un cauchemar », et part dans le récit d'un voleur qui cherche à l'attraper, mais qui heureusement n'y arrive pas, car « elle se cache bien bien bien » et il ne la trouve pas...

Karim, cinq ans lui aussi, que je rencontre justement parce qu'il a des difficultés d'endormissement qui inquiètent ses parents, me dit que la nuit il fait « surtout des cauchemars : il y en a un c'est un monstre, un gros monstre, comme le monstre poilu (titre d'un livre d'enfant qu'il a lu), il m'attaque, il veut m'écraser, après je sais plus, il me fait très peur ».
Pour Thomas, cinq ans et demi, qui semble assez agité en classe et qui, lui aussi, a du mal à s'endormir, il s'agit d'une sorcière : « Il y avait un copain qui était à côté d'une boulangerie et derrière il y avait une sorcière. Il lui balançait son pied, mais elle ne le voyait pas et après moi je suis allé et elle m'a pris le pied, la sorcière. Et c'était vrai qu'elle m'a pris le pied parce que j'étais tombé de mon lit... »

Ces cauchemars, très caractéristiques des problèmes des trois-quatre ans, et dont on comprend bien la force qu'ils ont dans l'imaginaire de l'enfant, n'ont rien de réellement inquiétant quand ils ne sont pas systématiques. Au contraire, ces scénarios, qu'ils échafaudent aussi en les racontant, les aident à extérioriser leurs peurs. Des paroles rassurantes suffisent le plus souvent à tranquilliser l'enfant, qui repart alors finir sa nuit.

Beaucoup plus spectaculaire et inquiétante est la terreur nocturne. Contrairement à ce que croient souvent les parents, ce n'est pas un cauchemar : le cauchemar, comme le rêve, se déroule pendant la phase de sommeil paradoxal, qui est un sommeil assez léger. Il met en scène une histoire certes angoissante, mais l'angoisse sous-jacente n'empêche pas la mise en place d'images et de scénarios, elle est « représentable ». Les études ont montré que les terreurs nocturnes survenaient dans la phase de sommeil lent, c'est-à-dire dans les trois premières heures de la nuit. Le sommeil est alors très profond ; il empêche probablement la mise en place de scénarios et d'images : ne demeure qu'une angoisse terrorisante qui submerge l'enfant. Il se met à hurler : vous le retrouvez assis ou debout sur son lit, l'air hagard, presque hors du monde. Il peut balbutier quelques mots incompréhensibles. Vous lui parlez, mais il ne vous répond pas car, pris dans son sommeil, il ne vous reconnaît pas. Si vous le prenez dans les bras, il se débat. La crise dure plusieurs minutes pendant lesquelles rien ne peut le calmer puis, de lui-même, il s'apaise et se rendort. Le lendemain, il n'a gardé aucun souvenir de cet épisode nocturne.

Si les terreurs nocturnes sont, elles aussi, normales au cours de la période œdipienne, elles n'en sont pas moins le signe d'une anxiété souvent trop forte chez l'enfant. Sur l'ambivalence ordinaire de l'Œdipe, peuvent se greffer d'autres conflits psychiques : une rivalité avec un frère ou une sœur, un problème à l'école... Il est alors très utile d'aider l'enfant à verbaliser ce qui l'inquiète. Le questionnement direct n'est jamais très efficace, mais les hypothèses formulées avec un peu d'humour – « peut-être qu'en ce moment tu aimerais bien passer Noémie par la fenêtre... » – sont souvent source de rire et de détente. Si cela ne suffit pas et que les terreurs nocturnes se répètent, il est préférable de consulter pour cerner au mieux le conflit qui habite l'enfant et l'aider à le surmonter.

Vers une évolution pathologique

Ces peurs, ces cauchemars, ces terreurs nocturnes perdurent parfois au-delà de la période œdipienne importante et délicate. L'enfant a déjà sept ou huit ans, parfois même neuf ou dix. Il devrait avoir intégré les interdits et atteint ce que l'on appelle la période de latence qui, quand tout se passe bien, est une étape plus paisible où il se tourne avec curiosité et bonheur vers le monde extérieur pour trouver des compensations à tous ces renoncements qui l'ont agité un moment : il est dans le plaisir des apprentissages et dans une vie sociale avec les enfants du même âge, qui l'occupe et le satisfait de plus en plus.

S'il continue pourtant à ne pas vouloir dormir seul, a peur du noir ou d'une situation en particulier, ne veut pas se coucher car la nuit il fait des cauchemars, on est dans un contexte pathologique, dont les causes sont à chercher et qui mérite une aide extérieure :

Manon a huit ans. Elle est l'aînée de trois filles, ses sœurs ont sept et deux ans. Ses parents s'inquiètent et même s'impatientent, car elle ne veut pas se coucher, a peur de s'endormir, prétend qu'elle fait des cauchemars. Ils lui laissent une veilleuse, essaient de la raisonner ou se fâchent : rien n'y fait. Élève de CE2, elle travaille bien, elle est réservée et perfectionniste. Son travail est toujours très soigné et, pourtant, elle a souvent peur de mal faire. Très ordonnée, elle aime que sa chambre soit rangée et a du mal à supporter les intrusions de ses sœurs qui l'agacent.

Plusieurs entretiens avec ses parents et elle, puis avec elle seule, confirment un caractère trop anxieux. Manon refoule une agressivité et une forte rivalité vis-à-vis de sa sœur cadette qui la talonne et dont l'exubérance lui fait de l'ombre. Le fait de pouvoir exprimer cette rivalité et cette peur de son agressivité ont soulagé son anxiété et permis un apaisement au moment du coucher.

Parfois, c'est une attitude un peu confuse des parents au moment de la crise œdipienne qui prolonge les difficultés.

Martin, huit ans lui aussi, réveille encore ses parents toutes les nuits. Ceux-ci n'en peuvent plus et demandent de l'aide. Martin est fils unique. Ses parents, tous deux divorcés et remariés, ont deux filles beaucoup plus âgées (dix-sept et vingt-cinq ans) de leurs premiers mariages respectifs. Ils avaient quarante et un et quarante-sept ans quand Martin est né. « Pour nous, c'était comme un miracle, dit sa mère, il nous a apporté un bonheur infini. » Martin a donc été un bébé très adulé. Et la dame qui le gardait à domicile pendant que ses parents travaillaient semble être aussi tombée sous le charme de ce petit garçon et lui avoir laissé faire un peu ce qu'il voulait. Il ne travaille pas très bien à l'école où on le trouve « immature », mais il n'a pas de problèmes de comportement.

Quand Martin a commencé à se lever la nuit pour aller dans la chambre de ses parents, ils l'ont laissé faire. « Cela ne me dérangeait pas, dit sa mère, je trouvais cela normal et je me disais que cela passerait. » Les choses se sont pourtant éternisées et les moments du coucher ont fini par être l'occasion de beaucoup d'énervement. Les tentatives de fermeté du père ont échoué, la mère les jugeant mal venues ou trop abruptes. Ce faisant, sans le vouloir, elle a surprotégé son fils et empêché que lui soit signifiée une loi paternelle symbolique et structurante. Des entretiens avec eux, en mettant l'accent sur la nécessité de plus de cohérence dans leur manière d'être avec Martin, les ont aidés à surmonter le problème.

L'angoisse de séparation

Derrière ces phobies qui se prolongent au-delà du moment où on leur trouve du sens et même une utilité, se cache souvent une angoisse de séparation qui perturbe l'enfant et empêche un développement serein. « Dans la petite enfance, il n'est de sécurité que par la présence des autres », écrit Michel Zlotowicz[1]. Dès qu'il ouvre les yeux sur la vie et pousse son premier cri, le nourrisson est déjà

1. Michel Zlotowicz, *op. cit.*

sur le chemin de la séparation et ce nécessaire travail qui consiste à se séparer peu à peu de sa mère est un périple souvent semé d'obstacles.

C'est l'accueil de ses parents, la tendresse de leurs gestes, la douceur de leurs échanges qui vont lui permettre de s'adapter à son nouvel univers.

On a vu que, très tôt, le bébé est apaisé par la présence rassurante de sa mère ou d'une personne familière. La continuité des soins lui donne un sentiment de bien-être et de sécurité. Vers huit mois, il s'inquiète de l'« étranger » qui s'approche de lui et cherche un refuge dans des bras familiers. En grandissant, plus son attachement à son environnement se fait sur un mode stable et rassurant, plus confiant, il s'éloigne des visages connus et aimés. Ses capacités d'élaborer l'absence, c'est-à-dire de garder en lui bien réelles et vivantes les figures d'attachement, essentiellement celles de sa mère et de son père, se mettent peu à peu en place : vers dix-huit mois, tout à la joie d'avoir découvert le plaisir de marcher, il les quitte un moment pour s'en aller jouer seul, revient tranquillement pour vérifier que tout est en ordre, puis repart.

Toutefois, certains gardent en eux une peur intense d'être séparé des êtres qui leur sont chers et craignent de façon irraisonnée de se retrouver seuls, perdus ou abandonnés. Cette peur, que l'on nomme angoisse de séparation, est très présente chez les enfants et les adolescents qui consultent et présentent des troubles anxieux ou dépressifs. Elle n'est pas forcément en lien avec une séparation dans la réalité ou une épreuve traumatique comme un deuil, mais bien sûr, ces épreuves, quand elles surviennent dans la vie de l'enfant, sont propices à cette angoisse.

Edgar, neuf ans, qui a perdu son père à quatre ans, ne supporte pas d'être seul, ce qui provoque des conflits avec son frère aîné, treize ans, qui du coup le rejette un peu violemment. Il estime qu'Edgar le « colle ». Edgar s'inquiète aussi quand sa mère ne rentre pas de son bureau à l'heure promise et dans les trois minutes il l'appelle sur son portable, ce qui l'agace elle aussi et provoque parfois sa colère. Du coup, il se sent rejeté par tous et son angoisse est d'autant plus forte.

La mort accidentelle de son père, qui n'avait que trente-quatre ans, a bien sûr été une catastrophe pour toute sa famille. Sa mère s'est beaucoup investie dans son travail, parce qu'elle en avait besoin et que c'était sans doute pour elle une manière de surmonter l'épreuve. Edgar, qui à l'époque a peu exprimé d'émotions, se rappelle pourtant avoir perçu la détresse de sa mère et en parle de façon fine et sensible : « C'est comme si elle non plus elle n'était plus là. » Perdu, il s'est raccroché à son frère qui, à ce moment-là, a su être complice et patient avec lui ; mais aujourd'hui, son agressivité d'adolescent le fait souffrir et réactive chez lui une angoisse de séparation qui vient alimenter l'anxiété dont il souffre en général.

D'autres situations moins dramatiques peuvent provoquer elles aussi une angoisse de séparation. Un divorce, par exemple, même s'il se passe sans grand drame.

Rose a dix ans. Ses parents ont divorcé quand elle n'avait que deux ans, et elle ne se rappelle pas leur vie commune. Fille unique, elle vit chez sa mère et voit son père un soir par semaine, un week-end sur deux et la moitié des vacances scolaires. Le week-end, elle partage la vie des enfants de ses beaux-parents : deux filles de six et huit ans, qui vivent au quotidien avec son père et sa belle-mère, un garçon de quatorze ans qui vient de temps en temps chez sa mère et son beau-père et qui part en vacances avec eux.

Dans cette recomposition familiale, Rose se retrouve assez bien. C'est cependant une enfant anxieuse, qui dort mal, a souvent des maux de ventre et refuse d'aller dormir chez des amies quand on l'invite. Elle est très attachée à sa mère. Celle-ci accorde le plus de temps possible à sa fille, mais elle a des responsabilités professionnelles importantes et elle est obligée de s'absenter à l'étranger régulièrement : il lui arrive souvent de devoir régler l'organisation des journées de sa fille par le téléphone, qui est un lien précieux entre elles. Son père, très accaparé lui aussi par une vie professionnelle chargée, est souvent contraint de changer les jours où il reçoit Rose chez lui, mais s'efforce de la prendre quand sa mère est absente.

La vie quotidienne de Rose est organisée d'une manière qui convient aux adultes, puisque ses parents s'accordent très bien dans les échanges, mais qui lui demande depuis qu'elle est petite un grand effort d'adaptation. Elle se retrouve souvent face à des contretemps ; ainsi, elle me dit d'un ton un peu las à la veille des vacances scolaires : « En principe je pars demain avec maman, sauf si ça change... » Dans cette situation, le trouble anxieux de Rose est surtout alimenté par le climat d'incertitude qui plane autour d'elle. Ses parents sous-estiment l'impact des changements permanents qu'ils lui imposent. Sa maison reste une enveloppe rassurante. En conséquence, l'idée de s'en éloigner pour aller chez des amis lui est insupportable.

De telles situations sont très fréquentes aujourd'hui. On a souvent affaire à des enfants de dix ou onze ans, un peu malmenés dans leur vie quotidienne comme Rose, qui ne se plaignent pas auprès de leurs parents et semblent s'adapter aux situations qu'on leur propose ou leur impose, mais qui expriment par des symptômes anxieux leur difficulté à y faire face.

En outre, les enfants dont les parents se séparent quand ils sont très petits (deux ou trois ans) manquent de repères pour contenir leur angoisse de séparation. Leur rapport avec le temps n'est pas le même que celui d'un enfant plus âgé, ils vivent dans l'instant, et leur capacité à se représenter le parent nécessairement absent quand ils sont avec l'autre n'est pas très construite : ils l'imaginent peu. Dès lors, l'absence, quand elle est trop longue, est perçue presque comme une sorte de néant. Comme le dit Winnicott : « C'est une question de jours, d'heures et de minutes. Avant que la limite ne soit franchie, la mère est encore en vie, quand la limite a été franchie, elle est morte[1]. »

Ces enfants qui consultent après coup, presque au seuil de l'adolescence, ont du mal à vivre de nouvelles séparations, qu'ils seraient pourtant en âge de supporter sans encombre : partir en classe verte ou en séjour linguistique, aller dormir chez des amis ou même se retrouver un moment seuls, tout cela déclenche chez eux des angoisses parfois insurmontables. Ce que l'on remarque, c'est que, le plus souvent, ils n'ont pourtant rien exprimé « sur le moment », probablement parce qu'ils n'avaient pas les moyens de comprendre l'émotion qu'ils ressentaient et encore moins de la dire.

L'enfant peut éprouver aussi une anxiété de séparation forte quand il est élevé dans un milieu un peu clos, avec des parents très fusionnels qui, eux-mêmes, ont du mal à se séparer de leurs enfants. Dans les entretiens avec ces parents, qui parfois consultent parce qu'ils s'inquiètent devant le refus de leur enfant de partir en classe de découverte par exemple, on repère assez vite une ambivalence quant à leur propre désir de le voir s'éloigner : ils critiquent ouvertement l'organisation du séjour, le lieu, le mode de transport, la durée... Parfois ils ont eux-mêmes vécu des séparations anxiogènes, par exemple une mise en internat précoce, et ils s'assurent, en gardant leur enfant avec eux,

1. Donald W. Winnicott, *Jeu et réalité*, Gallimard, 1975.

de ne pas répéter le phénomène. Mais, ce faisant, ils projettent massivement leur propre histoire qui n'est pas bien élaborée et mériterait de l'être davantage... Les enfants ont besoin que leurs parents les poussent en avant, en sachant évaluer leurs capacités, pour leur donner la confiance en eux qui leur permettra d'avancer et de s'ouvrir sur l'extérieur. Dans le cas contraire, ignorants de leurs capacités et craintifs face au monde extérieur, les enfants auront tendance à faire du surplace en cherchant refuge dans le giron maternel.

D'autres événements encore, vécus par l'enfant comme des traumatismes parce que la peur éprouvée a été intense, sont susceptibles de réactiver une angoisse de séparation, face à laquelle il va mettre en place des mécanismes d'évitement phobique :

Damien s'est fait racketter à la sortie de l'école par deux adolescents du collège voisin qui lui ont pris sa montre et son blouson de marque. Il n'était pas le premier à se faire agresser, la police a donc pris des mesures de surveillance. Malgré cela, Damien s'est mis à avoir peur de sortir de chez lui sans être accompagné par un de ses parents et refuse de s'éloigner d'eux longtemps.
Raphaël, lui, aurait pu se noyer en tombant d'un bateau en pleine mer, mais il a vite été récupéré et s'en est très bien sorti. Il n'en demeure pas moins qu'il a eu affreusement peur et que, par la suite, il a exprimé une angoisse de séparation vive dès qu'il devait s'éloigner de ses parents ou quand eux-mêmes devaient s'absenter.

Des expériences sans gravité, comme des déménagements, peuvent aussi être la source d'une forte angoisse de séparation ultérieure :

Marie, dix ans, a quitté sa maison, mais aussi une ville et un pays où elle était arrivée quand elle avait deux ans, pour s'installer avec sa famille à Paris. Alors que son frère et sa sœur ont facilement vécu le déménagement, il a déclenché chez elle une vive réaction d'anxiété, avec des troubles du sommeil, des cauchemars et un fort accrochage à sa mère pour qui elle s'inquiète sans raison dès qu'elle ne la voit pas. Celle-ci, comme son père, s'est dit que cela allait passer, mais voyant qu'au bout de six mois l'état de Marie ne s'améliorait pas, ils ont décidé de consulter, à très juste titre.

Dans les psychothérapies d'enfants chez qui on repère une angoisse de séparation, les dessins ou les histoires qu'ils imaginent parlent souvent d'enlèvement par des voleurs, d'enfants perdus qui ne retrouvent pas leur chemin ou chutent dans des précipices. Chacun de ces scénarios les renvoie à leur solitude qui les met en danger, à leur impuissance qui les effraie : l'adulte protecteur leur fait cruellement défaut.

Quand il n'y a pas de situation dramatique, mais que l'angoisse est là, j'engage les parents à réfléchir sur une manière d'être avec leurs enfants, peut-être plus cohérente et rassurante, qui tient souvent à peu de chose :

– Prendre son temps le matin, quand commence la journée, car on oublie que les enfants n'ont pas le même rythme que des adultes pressés qui ont déjà fini avant même d'avoir commencé. Certains sont des rapides, mais d'autres ont besoin de rêver un peu. Plus on les bouscule, plus on s'énerve, plus ils ralentissent et s'angoissent. La séparation du matin se fait dans un climat d'anxiété mauvais pour tout le monde et les retrouvailles du soir risquent fort de se faire sur le même mode !

– Ne pas promettre des choses que l'on ne fera pas, par exemple d'assister au spectacle de danse si l'on sait bien qu'à 18 heures on sera encore en pleine journée de travail... Ne pas multiplier les contretemps : assurer que, oui, on va penser à acheter le cahier rouge que la maîtresse réclame depuis huit jours, mais rentrer du bureau sans l'avoir fait en prétendant que ce sera pour demain. En effet, l'enfant considère vite ces petits manquements quotidiens comme des négligences graves, des manques d'amour qui le font douter de lui et de l'intérêt qu'on lui porte. Ces fantasmes alimentent la peur de l'abandon.

La peur de la mort

Expérience de séparation ultime, la mort – la sienne comme celle des autres – est source de peur ou d'angoisse chez l'enfant et chez l'adulte. Peu à peu, au cours de son développement, l'enfant intègre l'idée de la mort et son cortège de peurs. Jusque vers cinq ans, il n'a absolument pas l'idée que la mort est un processus irréversible. Dominé par son imaginaire et par un mode de « pensée magique », il croit que tout est possible, comme dans ses jeux : « Je te tue, mais on dirait que t'es plus mort ! » La mort, comme le sommeil, n'est qu'un phénomène transitoire. Stéphane Clerget, pédopsychiatre qui s'est particulièrement intéressé aux états dépressifs de l'enfant, estime qu'« habituellement, le concept de mort n'est pas jugé angoissant par l'enfant. Quand c'est le cas, c'est que l'enfant est le porte-parole de l'angoisse d'un adulte [1] ».

À quatre-cinq ans, les enfants qui ont affaire avec la mort d'un proche sont peu angoissés puisqu'ils ne mesurent pas la dimension définitive de la séparation. Cependant, ils sont très curieux des événements, ce qui les conduit parfois à interroger de façon déroutante : « Qu'est-ce qu'il va faire tout seul si personne lui apporte à manger ? » dit cette petite fille de quatre ans à sa mère, après la mort de son grand-père. Leur pensée est très concrète, ils comprennent bien que la

1. Stéphane Clerget, *Ne sois pas triste mon enfant*, Robert Laffont, « Réponses », 1999.

personne « ne peut plus bouger », « qu'elle est partie ». Ils prennent d'ailleurs les paroles des adultes au pied de la lettre, et c'est pour cela qu'il faut se méfier des métaphores que l'on emploie pour évoquer la mort. Des phrases comme « Elle dort pour toujours » ou « Il est parti pour un long voyage » peuvent être interprétées au premier degré et alimenter des peurs par la suite. L'idée que la personne « est au ciel et nous regarde » n'est pas forcément plus rassurante pour l'enfant, qui peut avoir le sentiment d'être étroitement surveillé.

Vers six-sept ans, quand, sorti de la période œdipienne, l'enfant est tourné vers le monde extérieur et vers les autres, il commence à prendre conscience de l'irréversibilité de la mort. Il observe les insectes, son poisson rouge ou le gibier au moment de la chasse... Autour de lui, certains de ses camarades ont déjà été éprouvés par la mort d'un grand-parent, et il réalise que cette perte est définitive pour eux. Il commence donc à envisager avec angoisse la mort des siens, de ses parents surtout. La mort lui paraît injuste et il l'associe à une sorte de châtiment, une punition que l'on pourrait peut-être éviter en restant tranquille...

Quand la mort le touche de près, l'enfant de cet âge n'exprime pas forcément ses émotions comme un adulte pourrait le faire par les pleurs ou la tristesse. Cela ne doit pas être interprété comme de l'indifférence, mais plutôt comme une tentative de sauter à pieds joints par-dessus l'événement pour mieux se protéger.

Sébastien, huit ans, vient de perdre son père de façon accidentelle. Sa mère, qui en était séparée depuis plusieurs années, mais qui reste bouleversée par le drame que cela représente pour son fils, va le prévenir sur son lieu de vacances, décidée à le ramener pour l'enterrement. Elle me téléphone, consternée par la réaction de Sébastien qui lui a déclaré préférer rester jouer avec ses copains.

J'ai pu la rassurer : Sébastien n'a rien d'un monstre insensible ; devant tant d'émotion et de douleur, sa défense est de faire comme si l'événement n'existait pas et de trouver dans les jeux et la complicité avec les enfants du même âge un moyen de l'éviter. Bien sûr, il ne s'agit pas de le laisser s'enfermer dans ce déni. Sa mère a eu raison de le ramener avec elle, malgré sa résistance, pour qu'il assiste à l'enterrement de son père, voie le cercueil et la tombe et puisse commencer un travail de deuil.

La désinvolture d'un enfant devant la mort d'un membre de sa famille doit plutôt être considérée avec une certaine vigilance. Il est important que les adultes ne soient pas dupes et, au contraire, l'aident à exprimer ses peurs, sa colère, son chagrin, sa tristesse.

Vers dix-onze ans, au seuil de l'adolescence, l'enfant a une conception de la mort qui se rapproche de celle des adultes : elle est définitive, inévitable et peut concerner les autres, évidemment, mais aussi lui-même. Dès lors, la mort d'un proche peut être source de tristesse, liée au manque, à l'absence, mais aussi susciter une angoisse existentielle plus profonde : l'idée de la disparition du corps, de sa décomposition, de son enfermement sous une tombe ou de sa réduction à l'état de cendres est déjà bien présente, alimentée par des images puisées dans des films ou dans des livres. La mort de l'autre éveille alors des interrogations et des représentations très angoissantes sur sa propre mort.

Adèle a dix ans. Depuis la mort de sa grand-mère qui s'est éteinte à un grand âge, elle souffre de maux de ventre inexpliqués et a très peur de s'éloigner de chez elle. Sa mère a été appelée plusieurs

fois par l'école pour venir la récupérer à l'infirmerie. Le médecin consulté n'a rien trouvé d'anormal sur le plan somatique et me l'a adressée.
Quand je la rencontre pour la première fois, Adèle est dans un état d'anxiété fort qui explique les troubles. Je lui demande si elle veut parler de sa grand-mère, des liens qu'elles avaient, de la place qu'elle occupait dans la famille. Elle se prête volontiers à cette évocation et aborde spontanément sa disparition et la façon dont elle a vécu l'événement. Une première chose lui a « déplu », dit-elle, c'est qu'elle a entendu sa mère parler au téléphone et s'est dit ; « Ça y est, c'est mamie qui est morte. » Mais on ne le lui a pas dit tout de suite, ses parents ayant préféré, semble-t-il, prévenir leurs trois enfants en même temps. Adèle verbalise surtout une angoisse de mort avec des peurs de solitude, d'enfermement, de souffrance. Elle s'inquiète d'autant plus qu'elle n'a pas bien élaboré l'idée du corps sans vie et, donc, sans sensation et sans émotion : « À l'église, quand je l'imaginais dans son cercueil, je me disais : "Mais c'est horrible, elle doit être serrée là-dedans..." »

Il est clair qu'Adèle parlait aussi de sa propre peur de mourir, peur de la séparation et de la solitude qui lui faisait craindre alors de s'éloigner de sa maison. C'était la première fois qu'elle était confrontée à la mort. La disparition de sa grand-mère lui faisait aussi entrevoir la mort de ses parents, ce qui ajoutait à son angoisse.

Pour un enfant, à côté du désespoir dû à la perte, la mort d'un parent est effrayante dans la mesure où il se sent très vulnérable : son sentiment de sécurité est ébranlé dans ses fondements, même si les relations d'attachement ont été positives, et d'autant plus si, au départ, l'attachement s'est fait sur un mode incertain. Il se sent particulièrement exposé et plus que jamais il a besoin d'adultes solides pour l'entourer et être à son écoute. Le parent survivant, lui-même endeuillé, ne se présente plus, en tout cas pour un temps, comme une figure complètement rassurante, sur laquelle il peut compter, auprès de laquelle il peut s'épancher. L'enfant est donc aux prises avec des peurs et des angoisses fortes qu'il ne va pas exprimer facilement, mais qui vont se dire à travers des cauchemars, des terreurs nocturnes, des phobies ou des plaintes somatiques.

On se rappelle combien l'enfant est sensible et vulnérable à la séparation et combien il a le sentiment que pèse sur lui de façon latente une menace d'abandon. Pour un enfant jeune, la mort d'un parent est terrifiante parce qu'elle réactive cette menace d'abandon. De plus, il réalise que les adultes ne sont pas tout-puissants, et cela ébranle aussi sa confiance dans l'avenir. Il doit faire le deuil du parent disparu, mais aussi du parent qui lui reste, tout du moins tel qu'il était « avant », c'est-à-dire sans sa peine, sans son désarroi. Il va d'ailleurs s'atteler à une rude tâche, celle de le distraire...

> Je rencontre Hugo, cinq ans, dans les mois qui suivent la mort de sa mère. Il s'enferme dans un rôle de clown pour tenter de faire rire son père et ainsi le sentir bien vivant : « Avec Papa on rigole et hop, on n'est plus triste », me dit-il.

Les adultes de l'entourage proche – oncles, tantes, parrain, marraine, parfois grands-parents – ont un rôle important à jouer dans ces moments-là. Ils doivent essayer de se rendre disponibles pour répondre à la demande affective de l'enfant, qui a besoin qu'on l'aide à exprimer des émotions qu'il ressent mais ne dit pas. Il faut éviter que ne se tisse autour de lui une conspiration du silence éminemment toxique. Or de nombreux adultes n'osent pas aborder avec les enfants les questions qu'ils peuvent se poser sur la mort, sans doute parce que cela les renvoie à leurs propres peurs [1].

1. Voir Dana Castro, *La mort pour de faux, la mort pour de vrai*, Albin Michel, 1999.

Alors ils ne disent rien et les enfants, qui sont très forts pour repérer les peurs des adultes, leur gêne, ne disent rien non plus pour les protéger : chacun voulant protéger l'autre, c'est ainsi que s'installent les lourds non-dits et malentendus...

Quand il perd un frère ou une sœur, les sentiments ambivalents qu'un enfant peut éprouver lui font peur. Les liens fraternels sont en effet dominés par une ambivalence particulièrement vive : l'agressivité, la rivalité, l'envie, côtoient l'affection, la tendresse, la complicité. Un frère ou une sœur qui meurt, c'est le compagnon de jeu qui disparaît, le complice avec qui on faisait front quand les parents s'énervaient, celui qui savait rassurer, celui avec qui on partageait sa chambre, qui savait rire aux mêmes blagues familiales, qui nous comprenait souvent d'un regard... L'intimité qu'il peut y avoir avec un frère ou une sœur peut être sans égale : « On se disait tout, rapporte cette jeune femme qui a perdu une sœur plus âgée qu'elle de dix-huit mois quand elle avait treize ans. Il y avait les garçons et puis nous les filles. Alors, après la mort de Laurence, j'étais comme amputée d'une part de moi-même. »

Les sentiments sont parfois plus mitigés et la mort d'un frère ou d'une sœur entraîne aussi son poids de culpabilité. Si cette mort survient après une longue maladie, à côté de la peine, l'enfant ressent un soulagement certain à voir les choses « enfin finir ». Cette sensation, épaissie par l'espérance de retrouver une vie plus normale, moins chargée d'angoisse, des parents plus disponibles, car libérés de l'énorme charge que représente l'accompagnement d'un enfant malade, aggrave son sentiment de culpabilité. « Il n'y en avait que pour elle », ose me dire Sandra, neuf ans, dont la sœur est morte des suites d'une leucémie.

L'agressivité que suscite la maladie d'un frère ou d'une sœur ne peut presque jamais se dire. Le plus souvent refoulée, elle transparaît dans des symptômes pour lesquels nous sommes parfois consultés, essentiellement des manifestations anxieuses comme des troubles du sommeil ou des phobies. Un garçon de onze ans ayant perdu son frère de neuf ans après une maladie longue, douloureuse et très accaparante pour l'ensemble de la famille, exprime toute sa détresse lors d'un entretien : « Je devrais pas me plaindre, c'est lui qui était à plaindre. » Il a évidemment besoin d'être entendu, compris et rassuré sur la normalité de ses tiraillements, sur le fait que l'agressivité qu'il a éprouvée, par moments, devant tout ce que la maladie causait de désorganisation familiale et de sentiment d'abandon, n'empêche ni la compassion et l'affection qu'il témoignait à son frère, ni la douleur de la séparation. Les parents peuvent essayer d'entendre cette ambivalence, sans porter de jugement, et s'efforcer de montrer qu'ils sont en mesure de comprendre combien les choses ont dû être difficiles à vivre pour lui. Ce soulagement ne veut pas dire que l'enfant ne souffre pas de la mort de l'autre, qu'il ne lui manque pas. La coexistence des deux sentiments est bien sûr tout à fait possible, et c'est cela que les adultes doivent expliquer à l'enfant pour éviter qu'il ne s'enferme dans son malaise.

Quand il s'agit d'un enfant petit, il est vraiment nécessaire de le faire, car, avant six-sept ans, l'enfant est encore très dominé par la « pensée magique » – il donne à ses pensées, notamment négatives, une force qu'elles n'ont pas. Un enfant jaloux de son frère ou de sa sœur et qui aura formulé contre lui des vœux mortifères a toutes les chances de penser qu'il est responsable de sa mort.

Comme Matthieu, huit ans, que je vois en consultation deux ans après le décès de son petit frère Vincent, mort noyé dans un bassin pendant que lui-même jouait dans le jardin. Matthieu se sent d'autant plus responsable, qu'il ne s'est pas rendu compte de l'accident, tout occupé à jouer, et qu'il avait éprouvé une vive jalousie à sa naissance, souhaitant plus d'une fois qu'il disparaisse.

Matthieu n'a pu se dégager de cette culpabilité que par un travail psychothérapique, sans doute parce que ses parents, trop accaparés par leur propre souffrance, n'ont pu le soutenir sereinement et l'aider à parler de Vincent.

Les enfants confrontés très tôt à la mort à travers la disparition d'un parent ou d'une figure très familière doivent faire face à toute une gamme d'émotions complexes parmi lesquelles la peur arrive en tête – peur de l'abandon, de la solitude, peur d'être coupable, mais aussi de mourir à son tour. Les enfants qui ont la chance d'être préservés de ces drames rencontrent plus tard la peur de la mort. C'est une notion qu'ils approchent vers neuf-dix ans, quand ils commencent à être capables de raisonner à partir de l'abstraction. Ils comprennent alors son caractère irrémédiable et saisissent son aspect angoissant dans le discours des adultes qui les entourent, essentiellement de leurs parents, dont ils absorbent les émotions comme de véritables éponges.

6

Les peurs et les phobies de l'adolescence

L'entrée dans l'adolescence se marque par le début de la puberté. Aujourd'hui, celle-ci se fait tôt, entre onze et treize ans, et est souvent attendue avec impatience et curiosité, même si l'enfant, au seuil de l'adolescence, est très averti des différents changements physiologiques et corporels qui vont survenir (croissance, pilosité, prise de poids, premières règles, premières éjaculations...). Rares sont ceux qui n'en ont pas parlé librement avec leurs parents.

S'ils attendent cette évolution physiologique avec un certain désir et y sont préparés, ils ne mesurent pas bien son retentissement psychologique. Bien sûr, tous ont en tête « la crise d'adolescence » dont on leur rebat les oreilles... Mais tant qu'ils n'ont pas eux-mêmes éprouvé ces émotions, ils n'imaginent pas combien ils vont être bouleversés et ne se doutent pas de ce que cela va modifier chez eux sur le plan psychique, entraînant, pour certains, petites peurs ou phobies...

Un corps pubère, les adieux à l'enfance

Les transformations pubertaires signent l'entrée dans l'adolescence. Dès lors, l'enfant découvre des émotions, des humeurs, des comportements tout à fait nouveaux, et par là même sources de peurs et d'inquiétudes.

Ni le garçon ni la fille ne se reconnaissent dans ce corps trop grand, trop petit, trop maigre, trop gros. Une adolescente de douze ans me disait : « En fait je suis un peu perdue... » Une autre, du même âge, soupirait : « Je ne sais pas trop qui je suis ! » À ce moment, il est vrai, ils perdent leurs repères et doivent faire un véritable saut dans l'inconnu.

En quelques mois, la métamorphose est radicale. On a du mal à reconnaître le petit garçon que l'on avait laissé quelque temps plus tôt dans ce jeune homme hirsute et dégingandé ou la petite fille blonde et fluette dans cette lolita pulpeuse aux allures de femme. Eux aussi ont du mal à se reconnaître ! Ils doivent apprivoiser ce corps nouveau et découvrir à travers lui de nouvelles sources de désir, de plaisir et d'intérêt. Ils vont ainsi à la rencontre d'une vie sexuelle et amoureuse nouvelle, ce qui n'est pas évident puisqu'ils ne peuvent en aucun cas se retourner en arrière et se référer à l'enfance. Comme l'écrit Daniel Marcelli : « Le corps de l'adolescent a perdu cette quiétude, cette capacité à être satisfait et comblé comme cela pouvait être le cas dans l'enfance[1]. »

Chez l'enfant, la sexualité inclut l'ensemble des plaisirs liés à la satisfaction de ses besoins : le bébé qui tète le sein de sa mère satisfait un besoin essentiel, mais ce besoin étaye un plaisir de succion qui le comble totalement. Ses pulsions sexuelles, « partielles », concernent des zones corporelles différentes, la peau et la bouche par exemple. Le processus de maturation sexuelle de l'adolescence va aller vers une réunification de ces pulsions qui vont être regroupées « dans un ensemble unifié sous le primat de la génitalité[2] ». Bien

1. Daniel Marcelli, in revue *Neuro-psy*, janvier 1998, p. 20.
2. Alain Braconnier, Daniel Marcelli, *L'Adolescence aux mille visages*, Odile Jacob, 1998.

évidemment, ce processus ne se fait pas en un jour et n'est pas dénué d'angoisse et de doute.

La puberté survenant tôt de nos jours, l'adolescent se retrouve confronté vers douze ans à ce corps prêt pour une sexualité adulte, alors qu'il est encore complètement dépendant de ses parents et sort tout juste de l'école primaire... Cette maturité l'inscrit définitivement dans une identité sexuée. Il était déjà garçon ou fille, certes, mais les fantasmes de l'enfance laissent une grande place à une bisexualité potentielle : tout en sachant qu'elle est fille, la fille aime parfois jouer les garçons manqués, refusant pendant un temps de mettre des robes ou tout attribut qui pourrait souligner sa féminité ; le garçon, lui, peut tout à fait aimer se déguiser en princesse et jouer à la poupée avec ses sœurs ou ses cousines, sans que cela l'inquiète.

Clélia, dix ans et demi, en plein début de puberté et qui consulte pour des crises d'angoisse, me parle de ses peurs. Quand je lui demande si elle en éprouvait quand elle était plus jeune, elle me répond : « Non, parce qu'avant j'étais un peu garçon. »

Par cette jolie réponse, Clélia exprime sans détour, comme font les enfants, l'idée de cette bisexualité potentielle qui perdure tout au long de l'enfance.

La peur du regard de l'autre

La puberté signe la fin de cette omnipotence. Encore une illusion qui tombe, et non la moindre. Cette nouvelle image de son corps préoccupe, et l'adolescent s'inquiète aussi du regard des autres sur lui. Tous les parents remarquent des changements dans les comportements : les filles s'emmitouflent dans de larges pulls pour couvrir leurs rondeurs naissantes, les garçons s'inquiètent de leur visage, parfois chargé d'acné. Plus question de rentrer dans la salle de bains quand ils y sont : ils y passent des heures, enfermés à double tour, et protègent farouchement ce territoire où ils peuvent observer à loisir leur évolution et apprivoiser devant le miroir l'image nouvelle qu'il leur renvoie.

Leur souci de normalité est immense, notamment vis-à-vis des autres du même âge, et explique le besoin, souvent exaspérant pour les parents, de suivre la mode et d'avoir exactement ce qu'il « faut » pour ne pas être rejeté. Plus l'adolescent est dans la peur de ne pas être conforme, plus il doute de lui, plus il cherche à s'uniformiser ; c'est pour cela que les demandes compulsives de certains, plutôt que d'être immédiatement satisfaites ou rejetées, doivent être interprétées comme des signes d'une angoisse dont on peut essayer de parler avec lui.

La puberté de l'adolescent le conduit à la recherche d'un nouvel objet d'amour. Cette conquête de l'autre l'occupe énormément, aussi bien dans sa vie réelle que dans sa vie fantasmatique, peuplée de rêveries secrètes. Les scénarios amoureux imaginaires de l'adolescent, essentiels, accaparent une grande partie de son temps. Ils ne sont pas toujours liés à une relation amoureuse dans la réalité.

Les discours des médias, tout comme les nombreuses séries dont s'abreuvent les adolescents, sans parler des émissions comme « Loft story », leur donnent l'image d'une sexualité adolescente précoce, évidente, et d'emblée épanouissante. Ils les renvoient surtout à une idée de performance, ce qui pour eux est très angoissant. Abreuvés de films pornos à disposition sur certaines chaînes de télévision et qui donnent une image violente et laide de la sexualité, ils banalisent à outrance les comportements les plus pervers.

La presse adolescente en rajoute et ne peut que semer le trouble en écrivant : « Faut-il faire comme dans les pornos ? » ou « Comment être une bombe sexuelle ? »

Les propos des adolescents sur la sexualité sont souvent grossiers, à l'instar de ceux de leurs animateurs radio préférés. Pourtant, dans l'intimité d'un entretien, on se rend compte que, malgré les apparences, leurs interrogations restent les mêmes et leur désir de tendresse et de sentiments est intact. Le dialogue avec les garçons et les filles de cet âge montre que les débuts de leur vie sexuelle sont souvent semés d'embûches, de doutes et de déceptions, et que tous ces discours ajoutent à leur peur de ne pas être « conformes ».

Si, pendant des générations, la sexualité a été pour les adolescents un domaine à conquérir en bravant les interdits, aujourd'hui la problématique serait plutôt inversée, les jeunes devant se protéger des adultes fascinés par eux, parfois s'identifiant à eux, et se mêlant souvent de ce qui ne les regarde pas. Les mères qui proposent à leur fille de treize ans de prendre la pilule, avant même que celle-ci n'en ait fait la demande, ou qui mettent des préservatifs dans la poche de leur fils quand il sort, ont un comportement intrusif que les adolescents supportent mal – j'en reparlerai. Une chose est d'être dans le dialogue autour d'une information absolument nécessaire – l'adolescent doit être certain que l'échange est possible, loin des tabous d'autrefois ; une autre est d'agir à sa place.

Contrairement à ce que laisse entendre le discours ambiant, les débuts de la vie sexuelle des adolescents, malgré leur « précocité » et la surinformation dont ils sont l'objet, peuvent être source de peurs et d'inquiétude. Comme l'écrivent Alain Braconnier et Daniel Marcelli dans *L'Adolescence aux mille visages*, « le début de la vie sexuelle de l'adolescent est souvent dominé par une sorte de clivage. Ainsi, certains adolescents mettent en avant le besoin de tendresse parce que la relation génitale elle-même est source d'anxiété. Inversement certains adolescents veulent d'abord et avant tout évacuer la pulsion sexuelle dans un acte sexuel dénué de toutes ses pulsions annexes, en particulier de toute relation tendre, parce qu'ils redoutent une possible régression à ces diverses pulsions partielles[1]. »

Les propos de ceux que je rencontre en consultation confirment cette complexité. Une jeune fille de seize ans m'explique qu'elle dort avec son copain, mais que « c'est juste comme ça, pour être ensemble ». Une autre, très « perdue » depuis quelques mois, évoque régulièrement les relations sexuelles qu'elle a « sans vraiment en avoir envie » et semble se soumettre au désir de ses partenaires, sans être le moins du monde à l'écoute de son propre désir. Les garçons ne sont pas plus tranquilles, très soucieux de faire comme leurs copains. Certains se lancent dans une vie sexuelle dépouillée de fantasmes et de sentiments, où la place de l'autre est insignifiante, où seul compte « l'exploit » pour épater les autres... Ces adolescents auraient bien besoin que des adultes référents leur donnent quelques repères. Quand on a l'occasion de les rencontrer en consultation, on se rend compte que, derrière ces conduites presque compulsives, se cachent un profond doute sur soi et parfois une difficulté à se dégager réellement de figures œdipiennes encore très présentes.

Celui ou celle qui n'a pas de relations sexuelles se vit souvent comme « anormal » : « Vous ne trouvez pas que je suis bizarre ? » me dit cette jeune fille de dix-huit ans qui s'interroge sur sa virginité. Bien évidemment, l'univers dans lequel ils évoluent influence considérablement leur questionnement. En tant que thérapeute, je crois qu'il ne faut en aucun cas être normatif, mais essayer de comprendre

1. *Ibid.*

comment les relations sexuelles s'inscrivent dans le développement psychique de l'adolescent pour pouvoir entendre les peurs et les inhibitions derrière des refus très rationalisés.

Car cette masse d'informations, ce discours médiatique sur une sexualité avant tout performante, cette absence totale de tabous font souffrir les plus vulnérables, provoquant chez certains des inhibitions ou des phobies douloureuses. D'ailleurs, quelles que soient leurs sources d'information, le vécu de leur propre sexualité reste énigmatique et source d'inquiétude, voire d'angoisse. Dans un bel essai sur les séparations douloureuses entre parents et enfants, Annie Birraux, psychiatre et psychanalyste d'adolescents, écrit ainsi : « Ils ne savent pas encore être un homme, une femme, et cherchent à “caler” leur identité sexuelle sur une représentation sociale... Mais ce corps exhibé en direct ou à travers les mots, tatoué, percé ou au contraire engoncé, caché, masqué sous de larges fripes, ce corps exposé ne doit pas être confondu avec l'image du corps, avec la représentation inconsciente qu'a le sujet de son identité sexuelle. Le corps qui s'exhibe est manipulé par l'image du corps qui gouverne les relations à soi-même, à l'autre sexe, à l'environnement, et il n'a pas toujours le dernier mot[1]. » Malgré les apparences, malgré des discours et des comportements très paradoxaux, la peur de la rencontre avec l'autre domine le plus souvent la sexualité des adolescents et parasite leurs premières expériences. Celles-ci sont vécues dans un souci de contrôle et de maîtrise et souvent dans un sentiment de toute-puissance encore très enfantin.

1. Annie Birraux, *Parce qu'il faut bien quitter l'enfance*, Éditions de La Martinière, p. 80.

La peur de l'homosexualité

La peur de la rencontre avec l'autre est souvent sous-jacente à la question de l'homosexualité qui se pose avec une grande fréquence à l'adolescence. Certains adolescents disent en effet se sentir plus attirés par des jeunes du même sexe et se posent alors la question de leur homosexualité.

Il s'agit souvent d'autre chose et, notamment, de la fascination narcissique que peut susciter un « autre » du même sexe, sorte de double paré de toutes les qualités et vertus qu'il conviendrait d'avoir.

Alain Braconnier et Daniel Marcelli analysent aussi cette question au regard des mouvements œdipiens réactivés avec les pulsions pubertaires. Ils considèrent que « l'adolescent a besoin de mettre à distance le parent du même sexe, ce qu'il fait souvent dans un contexte agressif. Toutefois, certains adolescents, pour contrôler cette agressivité, ou pour la dénier, adoptent une position inverse de relative soumission envers le parent du même sexe. D'autres, au contraire, se sentent attirés par l'image qu'ils souhaiteraient avoir. Qu'il s'agisse d'une soumission à l'égard du parent du même sexe pour dénier toute tendance agressive envers celui-ci ou qu'il s'agisse de la recherche d'une image idéale du sexe auquel ils appartiennent, dans les deux cas, le choix d'objet peut s'apparenter à un choix homosexuel. Ce choix transitoire ne fait que traduire le travail psychique résultant du lien œdipien au parent du même sexe[1] ». Les fantasmes d'homosexualité de l'adolescent ne l'inscrivent donc pas nécessairement dans une homosexualité durable.

1. A. Braconnier, D. Marcelli, *op. cit.*

À seize ans, Romane, que je reçois en psychothérapie depuis qu'elle a treize ans, exprime ce type de fantasmes. Elle parle d'abord, pendant quelques séances, d'une idée « qui la dérange » : elle pense qu'elle est « différente des autres ». Puis elle me dit : « Surtout, je ne sais pas très bien qui je suis. » Je lui demande de s'expliquer un peu et elle précise : « Parfois j'ai l'impression d'être un garçon, mais quand je suis avec un garçon, j'ai quand même l'impression d'être une fille, mais surtout je me sens différente de mes copines et si je suis différente, c'est peut-être que je suis homosexuelle. » Et elle enchaîne en m'avouant qu'un jour de l'année précédente elle a fait un rêve qu'elle n'a pas voulu me raconter et dont elle se souvient encore très bien : « J'étais dans un théâtre avec Joséphine, on s'embrassait, je voyais des copines et le matin je me suis réveillée et je me suis dit c'est horrible. D'ailleurs je voulais pas vous le raconter, j'avais trop honte pour vous en parler. » Je lui demande si cela veut dire qu'aujourd'hui elle n'en a plus honte et elle me dit en riant que non, qu'« elle est presque sûre qu'elle aime bien les garçons ». Lors d'une autre séance elle rapporte le rêve suivant : « J'arrive dans un endroit où je ne connaissais personne. Une fille me prend la main et m'embrasse sur la joue. À un moment je me pose la question car elle devient vraiment câline. Les autres me disent : "Alors Romane, c'est ta copine ?" Je me dis : "Merde, il faut que je me sorte de cette affaire." La fille m'embrasse, je ne me dis pas : "C'est bien ou c'est pas bien", ça ne me fait rien du tout. Ensuite il y a une soirée et je vois un type magnifique. Il faut que je sorte avec lui. Je me dis "ça va être moyen" et je sors avec le type et je trouve ça génial. Alors je vais voir la fille et je lui dis : "Je suis hétéro et je pars avec le mec." »

Dans les semaines qui ont suivi ce rêve, Romane a rencontré le garçon avec qui elle a eu sa première relation amoureuse. Ses fantasmes d'homosexualité, qui n'ont plus jamais été évoqués par la suite, exprimaient plusieurs choses : ils étaient sans doute d'abord en lien avec des mouvements transférentiels adressés à sa thérapeute femme. Le rêve, gardé un temps secret puis révélé plus tard comme ayant suscité honte et culpabilité, va dans ce sens. Ils exprimaient ensuite ses difficultés à réaménager des liens avec sa mère, vis-à-vis de laquelle rivaliser lui paraissait impossible ; ils exprimaient enfin l'appréhension, comme je le disais plus haut, de la rencontre avec l'autre dans son altérité.

Car c'est cette rencontre avec l'autre « différent » qui inquiète et fait peur, le mouvement homosexuel s'inscrivant ainsi comme une position d'évitement face à une hétérosexualité angoissante. Les adultes doivent donc être prudents dans leurs interprétations face à des conduites adolescentes qui leur paraissent troubles. Philippe Jeammet, psychiatre, psychanalyste et grand spécialiste de l'adolescence insiste sur ce point : « Toute attirance homosexuelle ne veut pas dire que l'on soit homosexuel et, à plus forte raison, qu'on le sera toujours. En effet, le besoin de trouver appui et amour, surtout si l'on doute de soi, si l'on se mésestime, peut conduire à se raccrocher à quelqu'un du même sexe... les parents doivent éviter de dramatiser la situation et de culpabiliser l'adolescent, mais doivent aussi l'aider à ne pas cristalliser des choix qui pourraient rester ouverts [1]. »

Néanmoins, les adolescents qui vont réellement s'orienter vers une homosexualité passent par des moments d'angoisse et de culpabilité d'autant plus difficiles qu'il pensent que c'est irrecevable pour leur entourage.

La peur de n'être pas autonome

Le retour en force, à l'adolescence, des fantasmes œdipiens et leur nouvelle intensité pulsionnelle rendent impérieux le besoin de réaménager les rapports avec les parents : le garçon s'éloigne de sa mère, la fille tient son père à

1. Philippe Jeammet, *L'Adolescence*, Solar, 2002, p. 146.

distance. Cela ne va pas sans peur car, si l'adolescent veut s'éloigner, prendre du champ, il ne veut pas perdre l'amour de ses parents. Cela ne se fait pas nécessairement sans crise ! La sécurité intérieure acquise dans l'enfance est la meilleure garantie pour que l'étape ne soit pas trop angoissante. Plus les assises narcissiques de l'enfance seront solides, c'est-à-dire plus ses parents lui auront donné confiance en lui et en la vie, mieux l'adolescent supportera la tourmente et ce travail d'éloignement, de distanciation, de séparation auquel il doit maintenant faire face. En effet, l'angoisse de séparation éprouvée à un moment ou à un autre dans l'enfance se réveille avec force et c'est bien souvent de cela que les adolescents nous parlent, sans le savoir, quand ils évoquent devant nous leurs difficultés à devenir adulte.

Dans les consultations d'adolescents, l'angoisse de séparation réactivée ou suscitée par ce travail nécessaire d'autonomisation est en effet très présente. Parfois, les liens se sont tissés sur un mode si fusionnel que le dégagement est chargé de souffrance et d'agressivité :

> Clara a seize ans et présente depuis plusieurs mois un trouble anxieux qui s'exprime surtout dans des plaintes somatiques : maux de tête, maux de ventre, elle a toujours mal quelque part. Elle est la dernière de trois enfants. En réalité, elle est la quatrième, car ses parents ont perdu un fils de la mort subite du nourrisson. Sa naissance, un an après la mort de cet enfant, a été pour sa mère un immense bonheur, mais celle-ci, sans le vouloir, a attribué à Clara un rôle de consolatrice. Clara a été une enfant joyeuse et sage, toujours heureuse d'être avec sa mère avec qui elle a noué des liens d'une très grande complicité et à qui « elle raconte tout ». Depuis quelques mois, Clara a un bon groupe d'amis et est très sollicitée pour sortir. Elle va volontiers avec eux, mais c'est au même moment que sont apparues ces plaintes somatiques qui la retiennent souvent chez elle.

Clara semble vivre avec une grande ambivalence et une culpabilité importante le travail de distanciation d'avec une figure maternelle très présente. Maux de tête et maux de ventre expriment cette difficulté à se séparer qu'elle ne reconnaît pas volontiers consciemment.

Quelle que soit son histoire, l'adolescent interroge avec plus ou moins d'anxiété son lien de dépendance aux parents. Jeanne, une jeune fille de treize ans, me dit ainsi au cours d'un entretien : « Ça m'arrive de piquer des crises de nerfs quand je réfléchis à ma situation, c'est-à-dire mon extrême dépendance vis-à-vis de ma mère, alors que je me sens capable... »

Parfois ce sont les parents qui interprètent les désirs d'indépendance de leur enfant comme des signes d'abandon douloureux :

Romain, dix-sept ans, dont les parents ont divorcé quand il avait huit ans, a été principalement élevé par sa mère. Son père, qui habitait dans une autre ville que lui, ne le voyait que pendant les vacances scolaires. C'est un adolescent sympathique et peu rebelle, mais qui s'oppose à sa mère depuis plusieurs mois, « de façon insupportable », dit-elle.

En réalité, Romain n'a que des demandes très légitimes au regard de son âge, celles surtout de voir ses amis le week-end, mais sa mère a beaucoup de mal à supporter de voir son fils échapper à son regard pendant quelque temps et de ne plus avoir l'entier contrôle de son emploi du temps. L'affronter sur un mode parfois violent est l'unique moyen qu'il a trouvé pour marquer ses distances. Les plaintes de sa mère ne font qu'accentuer son désir de s'éloigner.

Les adolescents sont, à ce moment-là, très vigilants : ils interprètent facilement le comportement parental comme une intrusion insupportable, comme cette jeune fille de quatorze ans qui se plaint auprès de moi que sa mère ait rangé sa chambre : « C'est quand même mon territoire, non ? » Une autre, du même âge, me dit combien sa mère l'agace à lui demander où elle va et avec qui lorsqu'elle sort, ce qui paraît pourtant assez légitime : « Elle ne me fait pas confiance, me dit-elle, alors que moi je lui fais confiance. »

La peur d'être considérée comme encore « petite » est très présente dans cette revendication, et elle est partagée par un très grand nombre d'adolescents : « Mon père, c'est bien simple, quand il a vu les quinze bougies sur le gâteau, il n'en revenait pas. Pour lui je suis petite, il ne supporte pas que je grandisse », soupire Judith qui, depuis quelques mois, tolère difficilement la tutelle parentale.

Fantasme ou réalité ? Les parents ont parfois du mal à accepter que leurs enfants grandissent, d'autant que cela les renvoie à leur propre vieillissement. Derrière ces revendications et ces plaintes, il y a l'angoisse de ne pas arriver à « couper le cordon »... Cette formule éloquente montre bien la difficulté réelle de prendre ses distances et la nécessité, parfois, de « trancher » avec violence...

Ce qui est compliqué pour tout le monde à ce moment-là, c'est que les adolescents nagent en plein paradoxe : ils veulent une chose et son contraire. Ils revendiquent l'autonomie, mais secrètement recherchent le soutien. Un garçon de dix-sept ans, réfractaire aux études et en rébellion contre les attentes paternelles, me déclarait, après que son père lui eut dit qu'il n'avait qu'à se débrouiller pour chercher un nouveau lycée : « Vous voyez bien qu'il n'en a rien à foutre de moi. » Il ne comprenait absolument pas la lassitude de son père qui, après avoir déjà beaucoup fait pour lui, semble-t-il, avait simplement fini par décider de le prendre au mot : « Tu veux te débrouiller et bien débrouille-toi. » L'indifférence de leurs parents leur fait peur au plus haut point, ils préfèrent largement le conflit. Mais, aujourd'hui, les adultes redoutent souvent la confrontation et tirent parfois l'échelle un peu vite, ce qui est source d'angoisse pour leurs enfants.

Toujours paradoxalement, ceux-ci recherchent le dialogue, pour maintenir le lien, mais ils s'opposent et ne sont jamais d'accord, pour affirmer leur différence. Les parents retirent de ces affrontements verbaux l'impression de vrais dialogues de sourds et se désespèrent... Pourtant, malgré toute la difficulté, il faut essayer de ne pas renoncer. « Quand on lui pose des questions, il ne répond pas », me dit ce père découragé par le mutisme de son fils : peut-être faut-il aussi savoir parler de soi et ne pas tomber dans un questionnement qui oppresse et suscite un silence obstiné.

Les fantasmes incestueux sont forts à ce moment-là et font aussi très peur. Ils rendent impérieux le besoin d'éloignement car les gestes et les comportements de l'enfance perdent leur innocence et sèment le trouble. Le garçon qui était très câlin avec sa mère et la fille qui se vautrait allégrement sur les genoux de son père se gardent désormais de ces rapprochements inquiétants. L'agressivité parfois très forte, avec son cortège de cris et de colères, tient lieu de tête-à-tête tendre...

Dans les consultations d'adolescents, il est clair que les demandes suscitées par cette difficulté à devenir autonome, à prendre de la distance, augmentent. Sans doute le signe que ce travail d'autonomisation achoppe de plus en plus souvent – même s'il est vrai que l'on vient plus facilement consulter. Cela paraît contradictoire avec la précocité des enfants qui se « débrouillent » de plus en plus tôt, posent des choix dès leur plus jeune âge et adoptent des comportements de « grands » alors qu'ils sont encore « tout petits ». Mais cela montre bien, comme je l'ai écrit dans *Vos enfants ne sont pas des grandes personnes*[1], que cette apparente

1. Albin Michel, 1999.

maturité n'évite pas à l'enfant beaucoup d'angoisse. Celle-ci est trop souvent le prix qu'il lui faut payer quand les adultes, aux prises avec leurs propres peurs, n'osent pas se poser en éducateurs et montrer le chemin. Depuis une quinzaine d'années, les enquêtes sociologiques montrent que les jeunes adultes quittent de plus en plus tard le domicile parental. Bien sûr, l'allongement des études et le contexte économique (chômage, coût élevé des loyers) peuvent expliquer ce « retard » avec lesquels les jeunes prennent réellement leur envol et commencent à vivre loin du toit familial. Mais on peut aussi comprendre les choses autrement et, notamment, se demander si une absence de motivation ne les empêche pas de prendre la réelle autonomie qu'ils seraient en mesure de conquérir plus tôt. Il est clair que, souvent, ils n'ont plus grand-chose à obtenir : ils ont presque toujours le loisir de vivre leur vie amoureuse au domicile parental sans que cela pose de problèmes et ils vivent chez leurs parents un peu comme à l'hôtel.

Pourtant, devenir adulte, c'est savoir s'assumer sans étayage, être capable d'avoir sa propre vie, loin du regard des parents.

Parfois, à ne pas pouvoir se séparer, on souffre beaucoup. J'ai ainsi rencontré des parents et des adolescents en grande souffrance. Souvent cette cohabitation tardive pesait tant à cet enfant devenu adulte que cela entraînait de sa part des comportements hostiles, voire violents, que les parents supportaient difficilement. Mais ils n'avaient pas à les supporter ! Pas plus qu'ils n'avaient à craindre de s'opposer alors à lui. Souffrant de cette dépendance très inquiétante, il n'attendait que cela ! Les parents doivent savoir que la dépendance affective, la crainte de n'être pas autonome est une angoisse majeure pour les jeunes adultes et qu'ils ne seront pas de mauvais parents en leur posant des limites claires quand cela est nécessaire, quitte à se faire détester un moment...

La peur de la solitude

Si les adolescents répugnent à communiquer avec leurs parents dans leur quête d'autonomie, ils ont un immense besoin des autres du même âge et craignent le plus souvent de se retrouver seuls. Le groupe formé par les garçons et les filles d'un âge équivalent les rassure, ils y puisent leurs forces et se grisent de ces rencontres. Ils adoptent les mêmes attitudes, parlent le même langage, s'habillent à l'identique, fréquentent les mêmes cafés, écoutent la même musique. Tous ces attributs sont fédérateurs et donnent à chacun un sentiment d'identité et d'appartenance qui le rassure : si les parents ne sont plus des repères, « les autres » sont là, ils ne sont pas isolés !

À cet âge, la solitude n'est pas une amie. Il faut être vigilant et parfois s'inquiéter quand les adolescents s'isolent systématiquement et semblent éviter le contact avec les autres. Derrière cette attitude se cache souvent une angoisse forte. Mais entre cet isolement excessif qui est un symptôme et l'incapacité à se passer de compagnie, il y a une capacité à être seul nécessaire à l'équilibre, à la pensée, à l'autonomisation.

Or, à entendre les adolescents, on a le sentiment qu'ils répugnent de plus en plus à être seuls un moment et qu'ils ont le plus grand mal à ne pas rester « branchés » vingt-quatre heures sur vingt-quatre avec leurs pairs. Bien qu'on n'ait pas encore le recul nécessaire pour en mesurer toute l'ampleur, le déploiement considérable des modes de communication modernes a incontestablement des effets sur leur comportement.

Je vois des enfants qui, dès l'âge de onze ou douze ans, sortent leur téléphone portable et le gardent branché alors que je les fais entrer dans mon bureau pour un entretien avec moi. Certains l'exhibent comme un attribut d'exception qui renforce leur image. Ainsi, Ali, treize ans, passionné de téléphonie mobile, me montre de mois en mois ses différents modèles, de plus en plus petits, mais de plus en plus performants, lui qui a pourtant du mal à parler avec des amis en classe et se sent souvent marginalisé... D'autres le laissent sonner, s'excusent du dérangement ou me demandent l'autorisation de répondre : « Je te rappelle, je suis chez ma psy », et raccrochent, pas mécontents de leur petit effet. D'autres encore plongent dans leur sac en arrivant, pour le fermer le temps de la séance, me signifiant ainsi l'importance qu'ils accordent à notre tête-à-tête. Rien n'est neutre dans le rapport avec cet objet...

Mais ce qui me paraît le plus frappant, c'est l'absence totale de limites dans l'usage du précieux appareil. Certaines de mes jeunes patientes ne sont nullement étonnées qu'on les appelle à 2 heures du matin, et ne comprennent pas que leurs parents se fâchent quand ils s'en aperçoivent.

Lorsque les ados ne se parlent pas en direct, c'est par « textos » interposés, faisant fi, là encore, de l'heure et du contexte dans lequel le message sera reçu... Certains en font un usage compulsif et arrivent à une dépendance qu'on pourrait comparer à celle de l'alcool ou du cannabis.

Maya a seize ans. Elle vient me voir sur les conseils de ses parents qui s'exaspèrent de son apathie scolaire et de ses résultats en chute libre. Après deux trimestres de seconde, son passage en première semble bien compromis. C'est une adolescente que je connais pour l'avoir vue plus jeune pendant quelque temps. Rapidement, elle évoque ses relations amicales. En l'entendant, je ne m'étonne guère de ses bulletins médiocres. Aux prises avec son groupe d'amis, beaucoup de filles, quelques garçons, Maya n'a certainement pas le temps de travailler suffisamment. Mais ce qui me soucie, bien plus que ses notes, c'est l'impression très nette qu'elle est tout à fait dépendante de son groupe d'amis ; grâce à son téléphone portable, dont elle ne peut pas se séparer, elle n'interrompt presque jamais le dialogue avec eux. Quand je lui demande si elle l'éteint quand elle veut travailler, elle me répond que c'est impossible : « Ça, je peux pas. » La menace parentale de le lui confisquer la met dans un état proche de la panique.

À travers ses propos, on mesure son besoin irrépressible des autres, en rapport avec son manque de confiance en elle. Le portable tisse entre elle et les autres un véritable cordon de sécurité, la peur d'être seule et abandonnée loin de l'oreille d'un autre n'étant pas surmontable par manque d'estime de soi.

Le téléphone portable ou la communication sur Internet vont-ils compromettre la capacité d'être seuls des adolescents ? Il est trop tôt pour le savoir vraiment, mais la situation me semble à risque... Pourtant, savoir être seul tout en étant certain de n'être pas abandonné est une force que, rappelle Winnicott, l'enfant doit acquérir pour se développer sereinement : « Quelqu'un est là, présent ou absent, qui n'exige rien, qui vit sa vie affective sans vous demander de la combler et qui vous autorise des expériences pleines de satisfactions, sans interférer[1]. »

Cette capacité d'être seul est mise à mal chez les enfants quand leurs parents sont avec eux dans une relation très symbiotique, ce qui ne veut pas dire qu'ils passent toute leur journée avec eux, mais plutôt que l'enfant envahit complètement la scène de leurs fantasmes et prend une place surdimensionnée, qu'il ne devrait pas prendre. Je suis frappée

1. Donald W. Winnicott, « La capacité d'être seul », in *De la pédiatrie à la psychanalyse*, Payot, 1969.

de voir combien de jeunes parents, tout à leur souci d'être de « très bons parents », exercent un contrôle constant sur leur enfant, l'empêchant ainsi de découvrir avec bonheur la force d'être seul. Ces enfants restent très dépendants du regard des autres, manquent souvent de confiance en eux, développent parfois des phobies et, quand vient le temps de l'adolescence, souffrent peut-être plus que les autres de ce nécessaire travail de séparation.

L'ordinateur est aussi un compagnon qui peut devenir dangereux quand il est exclusif : l'adolescent est seul, mais sa machine lui donne l'illusion qu'il ne l'est pas. Cette communication virtuelle peut prendre le pas sur une communication réelle, avec des conséquences dommageables. Il y a souvent une peur des autres derrière cette attitude, un évitement phobique, mais l'adolescent le reconnaît difficilement et rationalise son comportement compulsif par un intérêt pour l'informatique ou la haute technologie qui berne souvent ses parents, épatés par tant de curiosité...

Damien, quatorze ans, est le dernier d'une fratrie de trois. Il a deux grands frères qui sont partis de la maison pour poursuivre leurs études. Il a un an d'avance et se retrouve en seconde dans un grand lycée, après avoir fait une scolarité sans histoire dans un collège de son quartier. Je l'avais déjà vu au moment de son entrée en sixième, qui avait provoqué une réaction anxieuse, mais de courte durée. Je le revois à la fin du premier trimestre de sa seconde. Il n'est pas content : il n'aime pas son lycée, regrette ses amis qui ont été affectés dans un autre établissement, se dispute avec ses parents qui trouvent qu'il perd trop de temps devant son ordinateur. Ils ont raison ! Damien passe presque cinq heures les yeux rivés sur sa machine en semaine, et tous ses jours de congés...

Les entretiens montreront qu'il souffre d'un sentiment de solitude renforcé par le départ de ses frères. Mais ce comportement compulsif ne fait qu'accentuer cette solitude, au lieu, comme il le croit, d'y remédier.

Les conduites addictives, c'est-à-dire qui instaurent une dépendance à un objet, un produit ou un comportement pour lutter contre une angoisse de séparation trop forte, sont fréquentes à l'adolescence. Elles expriment toute la difficulté du travail de séparation.

Au même titre que le tabac, l'alcool ou le cannabis, le téléphone portable, la communication sur Internet ou les jeux vidéo donnent à l'adolescent l'illusion qu'il fait l'économie de l'angoisse de la solitude qui va de pair avec la prise de distance à l'égard des figures parentales. Pour beaucoup, les événements de la vie, le succès dans les études, un travail, une relation amoureuse vont venir apaiser les peurs, rassurer, restaurer un peu l'estime qu'ils ont d'eux-mêmes et ces conduites de dépendance tendront à disparaître. D'autres, plus fragiles, moins chanceux, auront plus de mal à s'en déprendre et, croyant lutter contre leur sentiment de solitude, s'enfermeront dans des conduites compulsives qui les laisseront paradoxalement de plus en plus seuls et coupés des autres. Si l'enfant y trouve avant tout une dimension ludique et a d'autres activités, il n'y a pas lieu de s'en inquiéter. En revanche, s'il s'y enferme, exclut systématiquement les autres, les parents ont tout intérêt à consulter pour éventuellement le faire aider.

La peur de l'agressivité

Liée à l'accroissement pulsionnel et à son contrôle, l'agressivité domine l'adolescence. Elle s'adresse d'abord aux autres, aux parents en premier lieu, qui deviennent des cibles privilégiées. Pour être sûrs de s'éloigner d'eux, leurs enfants les attaquent plus ou moins frontalement : franche hostilité, opposition systématique, mutisme, ironie constante, moqueries, insolence... – la gamme est large, et certains sont plus doués que d'autres ! Mais cette agressivité exprimée plus ou moins violemment, plus ou moins ouvertement, est aussi source de peur et d'inquiétude, car elle menace le lien avec les parents – ce lien que, paradoxalement, l'adolescent craint de rompre.

À l'adolescence, l'expression d'une certaine agressivité est utile, car, lorsqu'elle ne peut pas se dire, elle se retourne contre l'adolescent lui-même et est à l'origine de nombreux symptômes : troubles somatiques, symptômes névrotiques comme les TOCS, dont je reparlerai plus loin, conduites à risque, parfois dépression et tentatives de suicide.

Plus, enfant, il aura tissé des liens rassurants avec son entourage affectif proche, qui lui auront permis de s'éloigner sans craindre de se perdre, plus il sera tranquille dans les moments d'agressivité qu'il ne manquera pas d'éprouver envers les uns et les autres.

La peur de s'opposer à leur enfant, que je constate très souvent chez les parents de ces adolescents qui ne vont pas bien, loin d'arranger les choses, les aggrave. L'adolescent perçoit son agressivité comme de plus en plus inquiétante, et la soumission de ses parents qui s'effacent, plutôt que de l'affronter, finit de la transformer en violence. Il est tout à fait utile de consulter à ce moment-là, car la parole d'un tiers peut mettre un frein à une spirale extrêmement dangereuse.

D'autres tentent de neutraliser l'expression de leur agressivité car ils sont persuadés que leur parent est incapable de la supporter et risque d'en tomber malade. C'est souvent le cas des enfants qui vivent avec un parent isolé, souvent la mère, qui trouve très difficile d'assumer seule cette étape de la vie de l'enfant et se déprime :

> Je rencontre Luis pour un premier rendez-vous avec sa mère. Il a seize ans, c'est un beau garçon sympathique qui s'exprime avec finesse. Il n'a rien fait en classe cette année et va sans doute redoubler une première STI qui était censée l'intéresser. Depuis qu'il a onze ans, Luis vit seul avec sa mère et sa sœur de treize ans, car ses parents ont divorcé. Son père est reparti vivre en Amérique du Sud et il ne le voit qu'un mois chaque été.
> Accablée sur le fauteuil en face de moi, à côté de son fils, la mère de Luis se plaint amèrement de sa paresse, tout en soulignant qu'il est « pourtant très gentil », de l'absence de son mari, de sa difficulté de vivre aujourd'hui avec deux enfants « qui ne font rien »...
> Face à sa mère manifestement déprimée, Luis sourit et, lui prenant le bras, lui dit : « T'en rajoutes un peu, non ? »

On comprend qu'avec l'état dépressif de sa mère, la culpabilité d'exprimer ouvertement de l'agressivité envahisse ce garçon et qu'il soit accaparé par l'idée de la contrôler. D'où cette passivité, cette apathie scolaire qui conduit à l'échec. La peur de se montrer agressif vis-à-vis d'une mère fragile se retourne contre lui-même. Dans une consultation d'adolescents, on rencontre de nombreux garçons et filles qui, comme Luis, sont d'abord occupés à réprimer leurs pulsions agressives, car celles-ci leur font peur tant elles leur paraissent mortifères.

Je pense aussi à ces enfants « parfaits » qui, depuis leur plus jeune âge, se sont attelés à satisfaire les attentes de leurs parents, mettant souvent leur propre désir en veilleuse : tête de classe, champion de tennis, virtuose en tous genres... Il leur est très difficile, quand arrive l'adolescence, de changer de registre. Certains y arrivent, au grand dam de leurs parents, mais d'autres, plus fragiles sur le plan narcissique, se retrouvent incapables d'opérer les nécessaires changements et notamment d'assumer leur agressivité, autrement qu'en tombant malades :

À dix-sept ans, Sylvie est anorexique. Elle a commencé à maigrir l'été de ses quinze ans, « pour être comme sa cousine » qu'elle trouvait belle et mince. Mais elle ne s'est pas arrêtée. En trois mois, elle a perdu quinze kilos et a dû être hospitalisée dans une unité spécialisée. Elle y est restée trois mois, coupée de sa famille, a repris du poids, puis a rechuté au bout de six mois et a été de nouveau hospitalisée trois mois. Je la reçois depuis la fin de sa deuxième hospitalisation, parallèlement à un des psychiatres de l'unité qu'elle rencontre une fois par mois. Cette double prise en charge, très habituelle dans ce genre de contexte, semble lui convenir et elle va mieux.

Sylvie a toujours été la « petite fille modèle » de ses parents, très bonne élève, très bonne musicienne, sportive pendant les vacances. Fille unique, ses parents, enseignants tous les deux, sont des perfectionnistes qui se sont beaucoup occupés d'elle et, heureux de ses succès, ne se sont peut-être pas rendu compte qu'ils lui en demandaient toujours davantage. L'agressivité était absente de la scène familiale où l'harmonie était cultivée comme un art : pas trop d'excès dans les émotions, dans l'expression des affects. La mère de Sylvie me dira un jour devant elle : « Chez nous, c'est calme. » C'est peut-être le tapage de son adolescence que Sylvie a voulu réprimer en restreignant son alimentation au point de risquer d'en mourir... Grâce à sa double thérapie, Sylvie a compris qu'elle peut dire les choses autrement et que surtout l'agressivité et l'amour peuvent coexister sans risque pour personne !

Toutes les anorexies mentales de l'adolescence ne se résument pas à cet exemple : c'est une maladie complexe dont les causes sont souvent pluri-factorielles. Mais il est vrai que la jeune fille empêchée d'exprimer l'agressivité qu'elle ressent nécessairement à cette étape de sa vie est une adolescente à risque.

La peur d'être fou

Les changements pubertaires et l'augmentation de l'intensité pulsionnelle que vit l'adolescent suscitent chez lui un sentiment d'étrangeté. Il ne se reconnaît plus bien et a du mal à faire face aux exigences multiples et aux nouvelles possibilités qui se présentent à lui : réaménager les liens avec ses parents sans craindre de les perdre, se risquer à la rencontre amoureuse, s'adapter à la loi du groupe de copains pour ne pas être en marge, profiter à plein de la liberté nouvelle... et en même temps garder assez d'énergie pour travailler, répondre aux impératifs scolaires ou professionnels qui s'imposent alors avec force. Cela fait beaucoup de choses à la fois et il est clair que, souvent, « il mène une vie de fou », « ne sait plus où donner de la tête »... Tous les parents ont en tête ces adolescents qui n'arrêtent pas, rentrent, sortent, téléphonent, travaillent un moment, changent trois fois de projets dans un même après-midi, bref font dix choses à la fois. Ou encore ceux qui, à force de rêver de tout faire, ne font strictement rien et traînent leur lassitude d'un fauteuil à un canapé, de préférence devant la télévision ou bien un discman sur les oreilles.

Mais parfois l'adolescent est aux prises avec des contradictions qui, en créant une vive tension intérieure, peuvent fortement le perturber et lui donner la sensation qu'il est « complètement fou ».

« Parfois je deviens dingue », me dit Pierre, dix-sept ans, qui traverse une forte crise. En opposition avec un père autoritaire, mais brillant, dont il admire secrètement la réussite, il oscille entre le rejet complet, qui lui fait peur, et la fascination, qui l'inquiète tout autant... Il vocifère contre des attentes paternelles qu'il trouve « débiles », mais a cependant une image de lui-même plutôt grandiose :

« Qu'est-ce qu'il croit ? Je sais bien que je vais pas glander toute ma vie », me déclare-t-il, alors qu'il serait bien temps pour lui de se mettre au travail. Il déteste son échec scolaire, mais ne fait rien pour y remédier, alors qu'il a toutes les capacités pour réussir. « Je me dis que je vais m'y mettre, mais je n'y arrive pas, ça me prend la tête. »

Toutes ces contradictions l'oppressent et c'est ce sentiment d'oppression qui lui donne l'impression de « devenir dingue ». Pierre n'est pas « dingue » du tout, mais il a besoin d'être accompagné car ses difficultés sont réelles.

Quand le jeune a la chance de pouvoir parler de toutes ces contradictions, de toute cette ambivalence, il est mieux protégé contre les explosions violentes que l'on voit chez d'autres. Ceux-ci, parce qu'ils n'arrivent pas à exprimer en mots ce tumulte intérieur, le font par l'action, ce qui, parfois, on le voit tous les jours dans la rubrique des faits divers, les conduit aux pires excès. Annie Birraux écrit à juste titre : « Mettre des mots sur ce que l'on éprouve autorise une représentation déjà élaborée de son monde intérieur... La parole est un outil de paix, quand on lui laisse le temps de se dérouler et de se retrouver en accord avec les véritables intentions de celui qui parle [1]. »

La peur de ne pas réussir

L'adolescent doit donc faire face à plusieurs choses à la fois, et non des moindres ! Les transformations pubertaires bousculent l'image qu'il a de lui-même. Quand ses assises narcissiques sont solides, c'est-à-dire quand, dans l'enfance, ses parents lui ont donné suffisamment confiance en lui, en eux et en la vie, il trouve peu à peu ses nouveaux repères,

1. A. Birraux, *op. cit.*, p. 92.

continue sa route sans trop d'angoisse et, heureusement, pour son plus grand plaisir, découvre de nouveaux horizons. Mais lorsque les événements de la vie ou un contexte éducatif n'ont pas pu assurer une estime de soi suffisante, la tempête que représente l'adolescence creuse des vagues d'inquiétude parfois géantes, donne naissance à des peurs, et parfois à de vraies phobies. La peur de ne pas réussir en fait partie. C'est bien souvent elle que cache un échec scolaire : l'incertitude de la réussite est plus angoissante encore que la certitude de l'échec. C'est dire qu'on la rencontre plus d'une fois dans les consultations avec les adolescents ! Et cela malgré une attitude presque toujours paradoxale :

> « Le pire c'est qu'il s'en fiche complètement », me dit cette mère à bout de nerfs devant les résultats désastreux de son fils, et furieuse de son apparente désinvolture. Il est vrai que Vincent, seize ans, n'a pas l'air catastrophé, juste un peu ennuyé, sans que l'on sache si cet ennui tient à la consultation qu'il vit comme un mauvais moment à passer, ou à son avenir scolaire qui, dans l'immédiat, n'est pas brillant. La demande de bilan psychologique me paraît largement justifiée : il va me permettre de voir où se situent les difficultés de Vincent, quelles sont ses réelles possibilités et quel type d'aide on peut envisager pour lui. Il redouble sa troisième, et c'est un moment où les décisions d'orientation sont importantes.

Les tests permettront de montrer à Vincent qu'il a les capacités de poursuivre des études générales, mais qu'il manque d'une réelle confiance en lui, a peur de ne pas réussir et du coup se bloque. En relation duelle, les blocages ne sont pas trop invalidants, mais en classe, seul devant sa feuille, il convient que c'est tout autre chose. En réalité, Vincent n'est absolument pas désinvolte. Son apparente décontraction est là pour donner le change, faire illusion. Au fond de lui, il a très peur de ne pas réussir, de « n'être pas capable » et il adopte la politique du pire, selon le raisonnement suivant : « Puisque je ne fais rien, je suis sûr de rater, mais au moins je sais pourquoi je rate... » La politique du pire, dans ce contexte, c'est ne pas prendre le risque d'entrevoir ses faiblesses, par exemple que certains camarades sont meilleurs ou que l'on n'a pas la science infuse et qu'il faut bien faire des efforts pour réussir. C'est ne pas prendre le risque de l'échec qui ternirait une image de soi déjà fragile. Pour Vincent, le fait de pouvoir en parler et de tomber un peu le masque l'a beaucoup soulagé, mais je lui ai conseillé de poursuivre ce bilan par une thérapie d'affirmation de soi[1], qui aura sur lui les meilleurs effets. Ce cas de figure est très courant, et les vrais paresseux, s'ils existent, ne sont pas si nombreux...

Cette peur de ne pas réussir touche de façon privilégiée la vie scolaire, mais elle peut aussi se rencontrer sur d'autres terrains, artistiques ou sportifs. Celui-ci, grand joueur de tennis, refuse de prendre sa raquette ; celle-là, douée pour le dessin, ne touche plus ses crayons. « Mes parents disent que je suis bon, mais en réalité je suis nul », rapporte Raphaël, quinze ans, qui faisait il y a encore peu de temps la fierté de ses parents sur les courts de tennis. Le regard parental ne suffit plus à le rassurer. On retrouve souvent derrière cette peur les memes ressorts : l'adolescent redoute la confrontation avec une image de lui moins brillante que celle qu'il aimerait renvoyer aux autres. Alors, pour ne pas prendre de risques – ne pas réussir aussi brillamment que souhaité en secret, se voir avec quelques faiblesses, constater que le copain est meilleur –, certains choisissent de ne rien faire...

1. Les groupes d'affirmation de soi, organisés par des thérapeutes comportementalistes, visent à aider les enfants trop timides, manquant d'aisance dans la communication en leur apprenant des stratégies de réponse sociale.

Les phobies à l'adolescence

Un peu comme l'enfant à la période œdipienne, l'adolescent aux prises avec tout le mouvement pubertaire peut développer des phobies transitoirement, sans qu'elles s'inscrivent dans un contexte pathologique de longue durée. Rien dans l'enfance ne le prépare aux expériences auxquelles il doit faire face à cette étape de son développement, aux tensions internes qui troublent ses pensées. Le travail de séparation d'avec les figures parentales, notamment, est pour certains une source d'angoisse particulière.

Il convient de s'arrêter un moment sur la différence entre peur et angoisse. La peur est, pourrait-on dire, plus concrète : on a peur d'une chose, d'un objet que l'on a identifié. La disparition de cet objet met un terme à la peur. L'angoisse est plus diffuse : elle s'étire dans le temps, se nourrit de l'imaginaire, on a parlé pour la définir de « peur sans objet ». Si leurs terrains sont très proches, l'angoisse n'en demeure pas moins plus difficilement circonscrite et, par là même, source d'un malaise durable. Annie Birraux la définit ainsi : « L'angoisse pourrait se définir telle la mémoire de la peur. Une mémoire qui chercherait l'objet ou l'événement menaçant et s'obstinerait à ne point le trouver[1]. »

Identifiée, la phobie, qui est la peur d'un objet ou d'une situation précise, a une fonction : elle aide l'adolescent à dépasser cette angoisse diffuse, non identifiée, créée par tous les bouleversements que nous avons évoqués. Elle serait donc d'une grande utilité, en permettant de faire face sans sombrer. En effet, en se limitant à la peur d'un objet ou d'une situation précise et reconnue, l'angoisse désorganiserait moins la vie psychique de l'adolescent. C'est ainsi

1. Annie Birraux, *Éloge de la phobie*, P.U.F., coll. Le fil rouge, 1994.

qu'Annie Birraux, dans *L'Éloge de la phobie*, voit en elle, au moment de l'adolescence, un symptôme « utile » : « la phobie apparaît dans toute son utilité comme une procédure qui permet au sujet de traiter l'angoisse en la rationalisant[1]. » L'adolescence est donc un temps où l'on voit s'exprimer de façon privilégiée un certain nombre de phobies. Sans en faire l'inventaire, on peut en citer quelques-unes.

Les dysmorphophobies

Le corps de l'adolescent, soumis à de multiples transformations qui le rendent si étrange pour lui-même, est souvent pris comme objet phobique : l'adolescent déteste son corps, en a honte. Cela entraîne une souffrance immense, souvent silencieuse, car ce type de préoccupation est rarement avoué à l'entourage.

Steven, dix-huit ans, consulte sur les conseils de sa mère qui le trouve triste et très agressif. Venue pour accompagner son fils, elle se demande quel est le retentissement sur lui d'un divorce parental dont la procédure est longue et conflictuelle. Steven vit avec elle et ses deux jeunes frères, voit peu son père qui s'est installé dans le Sud de la France avec sa jeune compagne. En première STT, il poursuit assez mollement une scolarité qu'il subit comme une énorme contrainte. Il a accepté de me rencontrer, mais pour ce premier rendez-vous avec sa mère, il l'écoute plutôt évoquer, avec une certaine emphase, ses soucis personnels.
Je lui propose de le revoir seul. Le deuxième rendez-vous est assez banal, un peu terne, Steven ne parlant pas beaucoup. On perçoit cependant chez lui l'ennui que lui procure le conflit parental. Plus que l'absence de son père, c'est l'omniprésence maternelle qui l'énerve, le préoccupe et qui provoque des réactions d'agressivité dont il se culpabilise après coup.

1. *Ibid.*, p. 15.

Finalement, Steven viendra régulièrement pendant plusieurs mois, s'animant davantage et investissant un peu mieux ses études. Un jour, il me raconte en arrivant que, sur le trajet entre chez lui et chez moi, il a eu l'impression que tout le monde le regardait. Je m'inquiète en silence de ces projections paranoïaques quand il poursuit : « Je suis sûr que c'était à cause de mon nez. » Je n'avais jamais rien remarqué d'anormal ou de particulièrement disgracieux dans son visage. Il m'explique alors qu'il est persuadé que son nez, qu'il trouve presque « monstrueux », est à l'origine de ses soucis et « l'empêche d'être vraiment bien dans sa peau ».

J'avais surtout remarqué tout au long de nos entretiens son manque de confiance en lui, son insécurité très forte qui semblait en lien avec une enfance ponctuée de ruptures : nombreux déménagements, nounous successives, changements d'écoles et parents indisponibles, déjà fort accaparés par les conflits qui ont abouti à leur séparation. Il en parlait peu, évoquait parfois quelques souvenirs précis, mais disait le plus souvent « ne se souvenir de rien ». Néanmoins, il décrivait un climat affectif peu propice à lui construire des assises narcissiques solides et je n'étais guère étonnée que sa puberté réactive fortement des angoisses sans doute plus anciennes. Cette dysmorphophobie venait là pour circonscrire toute cette angoisse diffuse. L'horreur de son nez peut se dire, se penser, s'identifier. Mais Steven ne pouvait pas projeter sa peur sur un objet « extérieur » à lui-même et en était d'autant plus obsédé. Car ce qui rend la dysmorphophobie probablement plus invalidante qu'une autre phobie de l'adolescence, c'est justement que l'objet phobique ne soit pas extérieur, donc aisément tenu à distance, mais qu'il soit un élément du corps ou le corps dans sa globalité.

Steven était « obsédé » par son nez, l'objet de toutes ses fixations anxieuses. J'ai rencontré aussi quelques garçons très tourmentés par la taille de leurs oreilles, alors que celles-ci, « objectivement », n'avaient rien de feuilles de chou. Pour d'autres, nombreux, c'était la taille : trop grand, mais surtout trop petit. Un grand nombre de garçons et de filles focalisent leur angoisse sur les centimètres qu'ils souhaiteraient avoir, n'ont pas, et qui, s'ils les avaient, leur permettraient de se sentir beaucoup mieux, d'affronter les autres avec plus d'assurance. Pour d'autres encore, surtout des filles, mais aussi des garçons, c'est une silhouette qu'ils jugent disgracieuse et qu'ils camouflent sous de longs pulls ou de lourds manteaux, même quand la température engagerait à plus de légèreté vestimentaire. Bien sûr, notre époque cultive le culte du corps parfait. Il n'y a qu'à lire les magazines qui engagent toutes et tous à faire toujours mieux dans l'idéal de perfection poursuivi, nous donnant à voir des modèles d'autant plus inaccessibles que les photos publiées sont abondamment retouchées, les mannequins les plus somptueux ayant encore trop de défauts !

Il faut espérer que les spécialistes de chirurgie esthétique ayant affaire à des demandes de patients en plein processus pubertaire réalisent bien que les plaintes adolescentes ne sont jamais à prendre au pied de la lettre. C'est un moment où un temps de parole et de réflexion apparaît nécessaire. Car si l'intervention n'est pas la réponse adaptée, le risque dépressif est sérieux. Les plaintes dysmorphophobiques et les demandes d'intervention expriment une angoisse beaucoup plus large qui doit être entendue. La dysmorphophobie n'est pas inquiétante si elle est transitoire, mais elle est nettement plus préoccupante si elle s'installe durablement.

L'hypocondrie

Nous venons de le voir, le corps est, à l'adolescence, l'objet privilégié de projections anxieuses. À travers la peur d'être malade, d'attraper telle ou telle maladie, l'adolescent exprime, là encore, un malaise plus diffus, moins identifiable. La peur d'attraper le sida a été particulièrement forte chez certains pendant quelques années, sans être forcément liée à un risque réel et malgré une information sur les modes de contamination et les tests de dépistage possibles. Il faut dire que la transmission de cette maladie était chargée de représentations très inquiétantes pour un adolescent aux prises avec sa problématique pubertaire ! La peur d'une maladie cardiaque est aussi très fréquente, l'adolescent anxieux se mettant à l'écoute de son rythme cardiaque, très sensible au stress et à l'anxiété.

Les maux de ventre, si souvent mis en avant par les enfants, sont aussi très bien placés dans le peloton des craintes hypocondriaques de l'adolescent, tout comme le mal de tête.

Robin, quatorze ans, s'est plaint une grande partie de l'année scolaire de maux de tête et de fatigue. Ses parents ont fini par s'inquiéter et ont consulté leur médecin. Après de multiples examens, allant de la simple prise de sang au scanner, celui-ci n'a pas trouvé d'explication à ce malaise. Un deuxième, puis un troisième médecin consultés n'ont rien trouvé non plus ; en ultime recours, le dernier a conseillé une rencontre avec moi.

Il n'y a rien dans la vie de Robin de particulièrement traumatique ni même pénible : une famille harmonieuse, un bon groupe de camarades au collège, une scolarité sans encombre, une vie plutôt facile sans soucis financiers, de belles vacances... D'ailleurs, il n'évoque aucun conflit, aucun problème, ne se plaint que de ces maux de tête et de la fatigue qui s'ensuit. En vacances, il se sent un peu mieux, mais quelques crises sont survenues lors de vacances aux sports d'hiver qu'il aime pourtant particulièrement. Je me pose la question d'un éventuel état dépressif, car le tableau décrit peut y faire penser, mais ni les tests de personnalité ni les entretiens avec Robin ne confirment qu'il s'agit d'une dépression.

Les entretiens ultérieurs ont montré que ces maux de tête exprimaient simplement une angoisse plus sourde de grandir, de quitter l'enfance et une place de bébé de la famille très chouchouté. Ils étaient pour lui une voie possible de régression et masquaient sa réelle difficulté à assumer les remaniements psychologiques que lui imposait une puberté déjà largement amorcée.

Les phobies d'impulsion

L'agressivité fait partie de l'adolescence. L'excitation pubertaire provoque une augmentation des pulsions qui demandent à être évacuées, apaisées. Cette augmentation de son potentiel agressif n'est pas sans inquiéter l'adolescent qui, encombré, s'efforce de la contrôler.

On l'a vu, le travail de séparation d'avec les figures parentales et notamment avec la mère est souvent source d'angoisse et de souffrance. L'adolescent attaque les liens qui les unissent, mais se sent coupable de cette agression et s'en inquiète. Il fait beaucoup d'efforts pour contrôler son agressivité, la mettre en mots, la symboliser, la penser. Mais, parfois, il en est empêché et ces pulsions agressives, qui ne peuvent pas être élaborées, pensées, ne trouvent leur exutoire que dans des mouvements impulsifs violents qu'on appelle « passages à l'acte ». La fugue et la tentative de suicide sont très caractéristiques de l'adolescence, mais il y en a beaucoup d'autres.

La phobie d'impulsion est la peur de ne pas pouvoir contrôler les pulsions, la peur de passer à l'acte. L'adolescent tente alors de neutraliser son agressivité par une grande passivité et évite les situations qu'il suppose dangereuses : celui-ci ne supporte pas d'être sur le quai quand le train entre en gare car il a peur de sauter sur les rails, celle-là ne touche pas d'objets pointus par crainte de se mutiler, tel autre évitera les balcons ou les abords des fenêtres de peur de ne pas résister à la tentation de passer par-dessus bord. Dans tous les cas, c'est la peur de perdre le contrôle et de céder à un mouvement d'une grande impulsivité qui domine.

L'adolescent doit apprendre à vivre en paix avec les images parentales mises à mal par le bouleversement pulsionnel pubertaire. Il doit les mettre à distance, les désirs inconscients incestueux rendant très dangereuse une trop grande proximité. L'angoisse rôde. Le système de défense phobique est, à ce moment-là, une façon de se protéger d'un envahissement qui menacerait l'intégrité du moi. Les phobies ont ainsi leur utilité dans ce temps d'adolescence. Il n'en demeure pas moins que certaines conduites phobiques, quand elles se prolongent, expriment une souffrance qui mérite d'être entendue, comprise et soulagée.

7

La peur à l'école

S'il y a bien un lieu qui mobilise les peurs, c'est l'école. De la maternelle au lycée, la vie scolaire est ponctuée de grandes joies mais aussi de peurs, et même de phobies, qui assombrissent la vie quotidienne. Vivre avec les autres du même âge, apprendre, être curieux, être évalué, se mesurer aux autres, faire plaisir aux parents en réussissant ou s'opposer à eux insidieusement en ne faisant rien : les enjeux sont nombreux, et pas des moindres...

Ces dernières années, il me semble que ces peurs n'ont fait qu'enfler un peu plus. Le stress scolaire – des enfants, quel que soit leur âge, mais aussi des parents – est souvent au cœur des demandes d'aide que je reçois.

À la maternelle

Même si la scolarité n'est obligatoire qu'à partir de six ans, c'est à trois ans que la majorité des enfants franchissent le seuil de l'école pour la première fois. « Pourvu qu'il soit propre ! », me dit cette mère qui a obtenu avec le plus grand mal une place pour son fils, qui aura trois ans au mois de novembre. La propreté étant une des conditions pour être admis à entrer en petite section, de nombreuses mères espèrent que, pendant l'été, leur enfant aura la bonne idée de dire adieu à ses couches...

Une vie collective au milieu d'enfants du même âge, avec ses règles propres qui, celles-là, ne sont pas énoncées par les parents, attend ces enfants à un âge où ils sont encore essentiellement centrés sur eux et leur entourage très proche. Une vie sociale nouvelle commence, où ils vont avoir affaire à « l'autre » avec ses propres désirs, son agressivité, sa force, son envie de prendre toute la place...

Certains y sont préparés mieux que d'autres, ayant l'expérience de la crèche. Pour ceux qui ont été gardés à la maison ou chez une nourrice, le pas à franchir est d'autant plus grand et peut causer de très grandes peurs !

Lisa est une petite fille de quatre ans. Elle a un frère de sept ans. Ses deux parents travaillent et elle est en deuxième année de maternelle. Elle est entrée à l'école à trois ans et, avant d'être scolarisée, était gardée chez elle par une jeune fille employée à plein-temps, qui s'en occupe encore en dehors du temps scolaire. Lisa vient me voir car ses parents s'inquiètent d'une mauvaise intégration à l'école, alors qu'à la maison c'est une enfant calme et joyeuse qui ne pose aucun problème. C'est l'institutrice qui les a alertés : Lisa reste à l'écart et ne participe aux activités que quand on le lui demande personnellement.

La mère me raconte que la première année d'école a été encore pire, puisque Lisa, qui n'allait alors à la maternelle que le matin, s'asseyait dans un coin et n'en bougeait pas, attendant que la demi-journée se passe. Le directeur et l'institutrice en avaient parlé aux parents, mais en leur disant que cela passerait sûrement avec le temps et qu'il n'y avait pas lieu de s'inquiéter.

Dans mon bureau, Lisa est en effet une enfant très calme qui dessine avec plaisir pendant que je m'entretiens avec sa mère. Je lui explique au début du rendez-vous que nous allons parler d'elle et de ses difficultés à l'école et, un peu plus tard, je lui fais part de mon sentiment qu'elle a peur de quelque chose à l'école et que c'est pour cela qu'elle ne bouge pas. Je lui suggère que ce peut être la maîtresse, mais elle ne réagit pas. Je lui dis alors que ce sont peut-être les autres enfants, qui parlent fort et font du bruit. Lisa sourit et m'explique que les enfants crient et courent beaucoup, qu'elle n'aime pas cela et qu'elle ne veut pas jouer avec eux.

J'interroge sa mère sur la façon dont Lisa est gardée en son absence, notamment le mercredi. Elle s'est rendu compte récemment, en les accompagnant, que la jeune fille qui emmène Lisa au jardin ne la quitte pas d'une semelle, s'assoit avec elle au bac à sable et intervient très vite quand un enfant s'approche pour la protéger d'éventuelles agressions. Cependant, elle ne lui en a pas fait la remarque.

Cela me paraît pourtant très important, car il me semble que cette jeune femme projette son anxiété et probablement sa propre peur des autres sur Lisa qui, du coup, ne peut voir que du danger dans son environnement à l'école. Gardée à la maison par une jeune femme hyper-anxieuse, la petite fille manque d'apprentissage social et elle a sûrement ressenti l'entrée à l'école comme un saut dans le grand bain quand on ne sait pas nager... Rien de très rassurant ! J'encourage la mère à parler à sa baby-sitter et à accompagner sa fille dans sa rencontre avec les autres. Ce qui a donné en quelques semaines d'excellents résultats.

Lisa avait peur des autres enfants, car elle avait reçu le message implicite qu'ils représentaient un danger. Cependant, elle allait à l'école sans pleurer et quittait son père, qui généralement l'accompagnait, sans angoisse apparente. Ce n'est qu'après son départ qu'elle se figeait et attendait que le temps passe. Ce n'était donc pas la peur qu'on l'abandonne ou qu'on l'oublie qui l'habitait.

Cette peur est pourtant la plus courante chez les jeunes enfants, qui vivent souvent l'entrée à l'école comme une séparation douloureuse. Il n'y a qu'à se rendre dans la cour d'une école maternelle le jour de la rentrée et même les jours qui suivent pour comprendre que cela ne va pas de soi et que la détresse de certains est immense. Parfois, les parents ont dressé un tableau si idyllique de l'école que la réalité les déçoit. Il y a un océan de différences entre ce qu'ils avaient imaginé et ce qu'ils vivent ; mais surtout ils avaient tout simplement « oublié » que c'est un lieu où l'on reste seul, sans les parents...

Il faut déjà se sentir assez grand et suffisamment tranquille pour dire au revoir à sa maman et être sûr de la retrouver par la suite. Pour en arriver là, l'enfant doit avoir expérimenté la capacité d'être seul, c'est-à-dire être certain, malgré l'absence de sa mère, ou du substitut, de n'être pas en danger. Mais de nombreux enfants n'ont pas fait cette expérience structurante. Ils ont l'habitude d'être sans arrêt sous le regard de l'adulte et se séparent difficilement le moment venu. L'entrée à l'école est alors vécue comme une séparation déchirante, dans les pleurs et les hurlements.

Ces réactions de peur, voire de panique, provoquent l'inquiétude des parents, qui ne fait qu'augmenter la peur des enfants : c'est le cercle vicieux. Parfois, c'est l'anxiété parentale qui est première et l'enfant absorbe l'émotion qu'il ressent chez le parent, sa mère surtout. Certains le reconnaissent volontiers : « Quand j'ai laissé Pauline à la porte de sa classe, j'avais l'impression que je lui faisais un mauvais coup en douce, j'en étais malade », dit celle-ci.

Il est clair que l'école est pour tous un lieu plein de résonances et que certains n'y ont pas que des bons souvenirs : « J'ai toujours détesté l'école, j'y ai des souvenirs d'ennui profond. Alors, quand j'ai déposé mon fils en classe pour la première fois, je me suis dit qu'il s'en prenait pour quinze ans et j'étais vraiment pas bien », dit ce jeune père qui semble pourtant s'en être bien sorti...

Pour les parents, le moment est aussi difficile parfois car ils ont le sentiment d'abandonner leur enfant à d'autres, dans un lieu où eux-mêmes seront soumis à des règles qu'ils n'auront pas énoncées et qu'ils devront respecter. Ils peuvent encore être dans la nostalgie de la toute petite enfance, l'entrée à l'école projetant définitivement leur enfant hors de la planète bébé...

Mais à côté de ces projections parentales qui ne facilitent pas l'adaptation scolaire de l'enfant, la séparation est aussi difficile quand celui-ci a des capacités de représentation encore fragiles. À cause d'une certaine immaturité, il peut avoir du mal à se représenter sa mère absente. Cette absence de représentation lui donne une impression de vide, de béance très angoissante quand il ne la voit pas un long moment. Il faut donner des repères à ces enfants, car ils en manquent et cela participe à leur peur. Leur donner des repères, c'est prendre le temps de leur décrire sa propre journée, leur montrer, si on le peut, son lieu de travail, éventuellement leur laisser dans un premier temps un objet transitionnel qui les rassurera : doudou ou autre peluche. En outre, quand on sent que le départ à l'école est source d'angoisse, mieux vaut prendre son temps, ne pas se bousculer. Plus facile à dire qu'à faire, certes, mais dans ces moments de crise, le calme, la patience et une certaine fermeté rassurent l'enfant et ramènent souvent la paix.

La peur de ne pas réussir, qui a épargné longtemps les maternelles, est en train, malheureusement, de gagner du terrain ! Les préapprentissages, avec en filigrane un devoir de réussite, prennent souvent le pas sur un épanouissement plus global de l'enfant. Ils s'accompagnent de « carnets d'évaluation » qui ressemblent à s'y méprendre à de vrais carnets de notes et inquiètent parfois démesurément les parents. Ces évaluations sont en effet pour eux un premier regard extérieur sur leur enfant ; lorsqu'il y a une difficulté, celui-ci fait vaciller l'image idéale qu'ils s'étaient forgée. C'est dur aussi pour l'enfant qui, à cet âge, ne demande qu'une chose : faire plaisir, surtout à ses parents, et se rend compte rapidement qu'il les déçoit. Rien de tel pour ébranler un capital d'estime de soi qui, parfois, est déjà fragile.

À cet âge, les enfants apprennent d'abord en jouant, dans le plaisir de la découverte et sans la moindre idée de performance. Les mettre trop tôt dans une logique d'effort, d'évaluation, voire de compétition, risque de leur faire peur, de leur donner le sentiment que « c'est trop dur » et qu'ils sont incapables d'y arriver. Ils peuvent alors s'installer très vite non pas dans une logique de réussite, mais d'échec, dont on sait combien il est difficile de sortir...

À l'école primaire

L'entrée à « la grande école », comme disent les enfants, est pour eux source d'une grande fierté. « Tu vas être content d'apprendre à lire », leur vante-t-on tout l'été et ils acquiescent, heureux et conscients d'entrer dans la cour des grands. Parfois ils déchantent vite quand ils réalisent que l'apprentissage de la lecture ne se fait pas par un coup de baguette magique et qu'avant de lire « comme un grand », il leur faudra faire beaucoup d'efforts... Cette désillusion entraîne, chez quelques-uns, de vrais blocages, car le sentiment de frustration peut être immense. Certains enfants sont plus intolérants que d'autres à la frustration : leurs parents, en répondant toujours immédiatement à leurs demandes, ne leur ont pas appris l'attente, ils ignorent que le plaisir peut être différé. Devant la difficulté, ils se démobilisent rapidement.

Dans *La Cause des enfants*, Françoise Dolto a raconté sa propre expérience d'élève déçue par la difficulté d'apprendre à lire : « *Les Babouches d'Aboukassem* était là sur la table, mais ce n'était pas lui que Mademoiselle ouvrait ; c'était un autre, petit et tout plat, recouvert en papier bleu avec une étiquette collée, blanche, rectangulaire... Elle l'ouvrait à la première page... Il y avait les voyelles et les consonnes, celles qui n'avaient pas de sons si on ne les assemblait pas à une voyelle, et puis les diphtongues et puis... les attrapes ? Ça, les attrapes, c'était les signes qu'on oublie, les accents, les trémas, les points, les apostrophes, les tirets, les cédilles, les virgules et tous ces signes qu'on oublie de mettre, qui n'ont l'air de rien, qui ne se prononcent pas, mais qui changent les sons des lettres et les font se prononcer autrement, ou même, incroyable, changent le sens de ces assemblages de mots, faisant d'eux des questions ou des réponses... Quoi ? ça s'appelait apprendre à lire cette demi-heure d'efforts complètement absurdes ?... Moi je n'en voyais ni le sens ni la fin, de ces ânonnements de sons qui ne voulaient rien dire d'autres que des sons[1]... » Combien d'enfants ont été déçus, comme Françoise Dolto, par l'aspect rébarbatif des premières heures de lecture ?

Mais à côté de cette déception, somme toute surmontable, plusieurs choses peuvent rapidement faire peur aux jeunes élèves en ce début de primaire et provoquer des blocages. En tête du palmarès viennent les contrôles et le système de notation qui créent une hiérarchie entre les enfants et mettent en avant les leaders. Même s'ils ont commencé à la maternelle à rendre des travaux corrigés par leur enseignant, la notation n'avait pas ce côté solennel qu'elle revêt dès l'entrée en CP. Certains enfants, dont les assises narcissiques sont fragiles, sont plus sensibles que d'autres au jugement, au regard des autres et supportent difficilement de n'être pas « dans les bons ». Ils appréhendent les exercices notés et perdent leur moyen. Les timides se révèlent et enragent

1. Françoise Dolto, *La Cause des enfants*, Le Livre de poche, 1986, p. 218.

de ne pas oser ouvrir la bouche de peur de se tromper et d'être ridicules. Ils rêvent d'être leaders et envient en secret le téméraire qui lève le doigt à tout bout de champ et a réponse à tout.

D'autres manquent d'autonomie, sont encore assez bébés, et ont peur de se débrouiller seuls comme on le leur demande. Ce sont des enfants que leur mère n'a pas su « lâcher » et qui ont toujours besoin de l'étayage de l'adulte pour « y arriver » ; seuls, ils se sentent perdus. Au moment des contrôles, conscients des enjeux, leur solitude les effraie et ils sont incapables de réfléchir correctement.

Chaque année m'apporte son lot d'enfants de six ans égarés dans le système scolaire du CP, affolés par des exigences auxquelles ils n'arrivent pas à faire face :

> Benoît a commencé son CP la veille de ses six ans. Je le vois quatre mois plus tard parce que rien ne va plus. Ses parents ont fait le point avec son professeur qui « ne le trouve pas dans le rythme de la classe » et s'inquiète de la suite des événements. S'il apprend à lire correctement, il est lent à l'écrit et n'écoute pas bien les consignes.
>
> Benoît, lui, ne se plaint pas. Ses parents le décrivent comme un enfant doux et rêveur, mais qui sait aussi être gai et joueur. À la maison, il est l'aîné d'une sœur de quatre ans et d'un frère d'un an avec lesquels il n'y a pas de conflits violents. Rien de bien inquiétant donc dans le tableau décrit par ses parents qui, d'ailleurs, n'auraient pas consulté si l'enseignant ne les y avait pas engagés.

Le bilan montrera que Benoît, tout à fait capable de réussir sur le plan intellectuel, a un développement psychoaffectif un peu plus lent. Il est probable que la naissance de sa sœur et de son frère a provoqué chez lui des mouvements régressifs qui, s'ils sont passés inaperçus dans la vie familiale, sont mis en lumière à l'école. Benoît semble avoir calqué son rythme sur celui de sa petite sœur. Il s'en portait fort bien jusque-là, mais ce léger décalage suffit à le désorienter en classe. J'encourage ses parents à le situer de façon positive dans sa place d'aîné, à le responsabiliser davantage, mais en veillant toujours à l'encourager et à le soutenir, pour que peu à peu Benoît ait envie de rejoindre le camp des grands !

Pour qu'un enfant réussisse en CP, il faut bien sûr qu'il ait les outils intellectuels suffisants, mais surtout qu'il soit affectivement et socialement prêt à utiliser son potentiel pour les apprentissages. Certains, encore empêtrés dans une problématique œdipienne, affectivement immatures, ne sont pas disponibles et appréhendent le « travail ». Si, parfois, la mauvaise adaptation en CP révèle de vraies difficultés qui méritent d'être prises en charge, cette immaturité repérée chez la plupart des enfants n'est pas pathologique en soi, il faut simplement savoir être patient et accepter de leur laisser perdre un peu de temps.

Parmi les peurs qui entraînent de sérieux blocages à l'école, on ne peut pas omettre « la peur du professeur » qui est quand même assez répandue. En primaire, notamment au début du cycle, l'enfant est très dépendant de l'adulte qu'il a en face de lui, surtout quand celui-ci est investi d'autant de « pouvoir ». Il aimerait donc lui plaire pour se faire apprécier de lui. Mais il y a des personnalités qui s'accordent moins bien : des professeurs nerveux qui crient ou parlent très fort, d'autres ironiques ou légèrement moqueurs... Il y a des enfants moins séduisants que d'autres, certains dont les difficultés interrogent l'enseignant sur ses qualités pédagogiques, d'autres encore, turbulents, fatigants sans le vouloir, mais qui finissent par se faire prendre en grippe, sans oublier ceux qui ont toujours le dernier mot et ne savent pas s'arrêter quand il le faudrait...

Les enseignants sont comme tout le monde, ils ne sont

pas parfaits, ils ont leurs limites. Mais il est certain que, quand un enfant de huit ou neuf ans sent l'hostilité de son maître, sa détresse est immense, quel que soit son système de défense. Il faut essayer de sortir de l'impasse. Les réactions sont variées. Certains expriment directement, verbalement, le conflit à leurs parents et leur font part du sentiment d'injustice qu'ils ressentent à être pris comme cible. D'autres ne disent rien, craignant de ne pas être compris ou s'imaginant responsables et coupables ! S'ils ne parlent pas, ils ont souvent mal au ventre ou à la tête, se montrent coléreux ou tristes, s'endorment plus difficilement. Ce sont surtout ces enfants qu'on rencontre en consultation, leur entourage étant un peu perdu devant ces symptômes qui, souvent, durent depuis plusieurs semaines. En général, l'écoute d'une tierce personne leur permet rapidement de dire ce qui ne va pas :

Manuel, huit ans, vient avec ses parents car il a des problèmes d'endormissement depuis deux mois et est particulièrement difficile à la maison, pleurant pour un oui ou pour un non. Ses parents me disent qu'il n'était pas comme cela avant et que cela les étonne puisque aucun événement familial n'est venu perturber leur vie récemment.
Manuel est leur second fils, l'aîné a dix ans. Ils ont essayé de parler avec lui, mais il n'a pas expliqué grand-chose et ils sont perplexes. Il est en CE2 et n'a eu aucun problème d'apprentissage. Scolarisé dans la même école que son grand frère, les parents savent donc à quoi s'en tenir quant aux enseignants.

Pourtant, deux entretiens avec Manuel suffiront pour mettre en évidence une peur presque panique de son enseignante, expliquant son état proche de la dépression. Cette femme, probablement confrontée à de sérieux problèmes personnels, se montrait particulièrement irascible avec ses élèves en général et trouvait Manuel, en particulier, trop

« agité ». Mais l'anxiété de Manuel en classe ne faisait qu'augmenter son agitation et la colère du professeur ! S'il avait eu du mal à parler de la situation avec ses parents, c'est sans doute parce que son frère, qui n'avait eu aucun problème relationnel avec cette même enseignante, en avait fait un portrait sympathique en début d'année : il ne pouvait donc que se sentir responsable de la situation.

Quand un enfant se plaint que son professeur est injuste avec lui ou qu'« il est méchant », il est bon de l'écouter et de comprendre ce qu'il entend par là. Parfois, il interprète mal le comportement de l'adulte et il faut le lui expliquer : on est simplement dans le malentendu. Par exemple, certains enfants ont du mal à comprendre que le jugement du professeur porte sur un travail et non pas sur l'élève en tant que personne. Ils mettent une charge affective trop forte dans leur relation avec l'enseignant et on peut les aider à prendre du recul. D'autres intègrent lentement l'idée qu'une consigne donnée au groupe les concerne personnellement : du coup, ils n'écoutent pas et se font réprimander sans trop savoir pourquoi...

Quand on a le sentiment que le malaise est réel, qu'il y a un grand malentendu entre l'enfant et son maître ou que l'injustice rôde, le dialogue avec l'enseignant s'impose. Généralement, il permet que les choses reprennent un cours plus normal. C'est ce qui s'est passé dans le cas de Manuel. Quand ce n'est pas le cas, la médiation d'une tierce personne, directeur, psychologue scolaire, peut être nécessaire.

Au collège

Le passage en sixième est un autre moment délicat qui peut susciter de petites ou de grandes peurs. L'enfant quitte un lieu qui avait fini par lui être très familier et où il avait atteint l'intéressant statut de « grand », pour se retrouver « petit » dans un univers où les règles du jeu ne sont plus vraiment les mêmes et où les repères changent. Il abandonne une relation duelle avec un professeur avec qui il avait, à des degrés divers, des relations encore chargées d'affectivité, pour des rapports plus anonymes avec des enseignants qui se succèdent au cours de la journée.

Souvent, il ne retrouve pas tout son groupe d'amis et cela peut causer un sentiment de grande panique. Ainsi, Léo, que je vois dans les semaines qui suivent son entrée au collège, ne se remet pas de voir tous ses amis réunis dans la classe à côté. Seul, il se sent complètement égaré et perdu. Il est nécessaire de comprendre pourquoi il est aussi désemparé et, plutôt que de le faire changer de classe – ce qu'il souhaite, mais qui est impossible –, de l'aider à s'affirmer seul, sans l'étayage de son groupe de copains, qui faisait fonction d'objet contraphobique, c'est-à-dire le protégeant de sa phobie.

Ce qui fait peur également à l'enfant en ce début de collège, c'est un devoir d'autonomie auquel il n'est pas toujours prêt : planifier son travail, comprendre les exigences de chacun, tenir à jour un cahier de textes indispensable pour un travail correct à la maison, faire le tri entre les tâches nécessaires et celles moins importantes, tout cela peut être très compliqué pour un enfant de onze ans, pour peu qu'il soit encore un peu immature.

De plus, l'entrée au collège coïncide pour beaucoup avec le début de la puberté, qui a un retentissement considérable sur la manière dont l'enfant va réagir vis-à-vis des uns et des autres, en particulier vis-à-vis de ses parents. Alors qu'en primaire, le désir de leur faire plaisir dominait, c'est maintenant le besoin de prendre ses distances qui s'impose. Le jeune adolescent revendique haut et fort son autonomie, refuse que ses parents mettent leur nez dans ses affaires... à un moment où il en aurait parfois bien besoin. Paradoxalement, il a encore peur de les décevoir et s'inquiète quand il sent qu'il ne peut pas s'en sortir seul. Il est dans une ambivalence extrême qui le fait souffrir, notamment par rapport à sa mère, surtout si elle a beaucoup suivi son travail en primaire. Il regrette la complicité, le lien que le travail scolaire avait tissé entre eux, mais il ne supporte plus cette proximité, jugée maintenant dangereuse, menaçante.

L'échec scolaire au collège commence souvent avec ce paradoxe que le jeune adolescent n'arrive pas à dépasser. Ce n'est pas un moment facile, ni pour lui ni pour ses parents, qui ne savent pas toujours quelle attitude adopter et hésitent entre le laisser-faire et le contrôle malgré tout : « Quand je le laisse, c'est la catastrophe et quand je l'aide ça se termine en pugilat, alors que faire ? » demande cette mère qui voudrait bien sortir de l'impasse. C'est vraiment le moment où l'aide d'une tierce personne peut être très utile : grand-parent, étudiant, ou autre. Leur présence, qui n'a pas la même charge affective, est mieux acceptée par l'adolescent et permet souvent de régler les problèmes.

Au collège enfin, comme déjà à l'école et encore au lycée, la peur des notes et des contrôles est aussi très présente, d'autant que de nombreux parents « stressés » se focalisent dessus et, à en croire leurs enfants, ne parlent que de ça... « Pour ma mère je ne suis qu'une machine à notes », me disait un jour une jeune collégienne qui fulminait contre les coups de fil de sa mère s'informant, depuis son bureau, des notes qu'elle avait obtenues dans la journée. Devant cette attente anxieuse de leurs parents, la peur gagne les enfants, qui redoutent le jour où il faudra bien rendre des comptes ! Certains ont si peur qu'ils essaient de contourner l'épreuve de vérité en falsifiant un carnet ou en imitant une signature... ce qui, bien sûr, n'arrange pas leurs affaires. Il me semble que c'est au collège qu'on a le plus souvent à faire avec ce genre de « triche ». Quand un jeune adolescent adopte ce mode de défense, c'est qu'il a peur : peur d'être puni, peur de décevoir, peur de faire de la peine, peur de provoquer la colère, peur de donner du souci, peur de n'être pas à la hauteur... Il est bien de prendre le temps d'en parler calmement avec lui, sans dramatiser ni banaliser à outrance, mais il est aussi utile de s'interroger sur les messages qu'on lui fait passer...

Le refus scolaire ou la phobie scolaire

Petites peurs autour de la scolarité de l'enfant et de l'adolescent : peurs sérieuses, certes, mais fugaces, qui disparaissent aussi vite qu'elles étaient venues sans laisser de trace. Parfois, malheureusement, apparaissent aussi de grandes angoisses, pas toujours faciles à décrypter, qui conduisent à des refus d'apprendre très préoccupants et, dans les cas les plus sérieux, à une déscolarisation, l'enfant ou l'adolescent se trouvant dans l'incapacité d'affronter la situation scolaire.

Mais, avant toute chose, doit-on parler de phobie scolaire ou de refus scolaire ? Bien qu'elle soit encore très usitée, l'expression « phobie scolaire », à connotation psychanalytique, a été abandonnée depuis le début des années 1970 par les pédopsychiatres et les praticiens formés aux thérapies cognitives et comportementales, qui préfèrent parler de « refus scolaire ». Peu importe la dénomination : derrière l'une comme l'autre se cache la même manifestation anxieuse, c'est-à-dire une peur intense de l'école dans l'ensemble ou parfois de certains aspects de l'école, qui conduit l'enfant à éviter systématiquement de s'y confronter.

Ce comportement pathologique n'est pas récent, on le

connaît depuis fort longtemps et de nombreux auteurs en ont décrit les symptômes et parfois les causes. Ainsi, en 1913, Jung évoquait une forme de « refus névrotique » d'aller à l'école. À sa suite, Broadwin, en 1932, décrit la phobie d'un enfant qui s'est enfui de l'école, car il ne supporte pas d'être loin de chez lui et de sa mère. Et, onze ans plus tard, Johnson emploie l'expression « phobie scolaire » pour distinguer les enfants phobiques de ceux qui font simplement l'école buissonnière. Des auteurs plus contemporains ont donné des définitions qui restent d'actualité. Ainsi Julian de Ajuriaguerra, dans son *Manuel de psychiatrie de l'enfant*, évoque-t-il les « enfants qui pour des raisons irrationnelles refusent d'aller à l'école et résistent avec des réactions très vives de panique, quand on essaie de les y forcer[1]. »

Chez les enfants jeunes qui fréquentent l'école primaire, les manifestations ne sont pas toujours spectaculaires, mais s'expriment avec une grande fréquence par des troubles psychosomatiques, maux de tête, maux de ventre, parfois augmentation d'une pathologie organique préalable : eczéma, crises d'asthme. À cause de ces manifestations somatiques, ils restent souvent à la maison : l'absentéisme scolaire est important.

Il ne s'agit pas, ici, d'une peur spécifique repérable, comme la peur du professeur, qui suscite une réaction anxieuse. C'est l'idée même d'« être à l'école » qui provoque la détresse de l'enfant et sa réaction d'évitement. L'angoisse de séparation d'avec une mère souvent elle-même très anxieuse ou dépressive est, dans un très grand nombre de cas, à l'origine du symptôme :

Dimitri, sept ans, en CE1, manque systématiquement l'école, car il a toujours mal quelque part et qu'il est assez gêné par un eczéma

1. Julian de Ajuriaguerra, *Manuel de psychiatrie de l'enfant*, Masson, 1980.

dont il souffre depuis ses premiers mois. Son absentéisme a été remarqué par l'école qui s'inquiète, et sa pédiatre me l'adresse car elle estime que le versant psychologique intervient très probablement dans ces manifestations. Elle n'a pas tort.

Dimitri est le dernier de trois enfants. Son frère et sa sœur sont deux adolescents de quinze et dix-sept ans. Il a été couvé par sa mère qui, dit-elle, « ne l'attendait pas, mais l'a reçu comme un cadeau du ciel ». Joli cadeau en effet, car Dimitri est un enfant charmant et ravissant qui, dans mon bureau, semble heureux et détendu.

La grossesse de sa mère, très suivie étant donné son âge, quarante-deux ans, s'est bien passée. L'accouchement s'est déroulé sans problème particulier. La naissance de l'enfant, bien accueilli par tous, a coïncidé avec une promotion professionnelle du père qui s'est trouvé devant une charge de travail plus importante et contraint à des voyages plus fréquents. Cela semble avoir favorisé un attachement très fusionnel de Dimitri et de sa mère, qui ne se sont pour ainsi dire pas quittés jusqu'à son entrée en maternelle à trois ans. La mère ne décrit pas de difficultés à ce moment, mais souligne cependant que Dimitri était souvent malade et donc avait une fréquentation scolaire très irrégulière. Elle lui a elle-même appris à lire à cinq ans et il a fait un CP sans encombre.

Les manifestations anxieuses ont donc vraiment commencé en ce début d'année de CE1. Dimitri n'a jamais vraiment verbalisé une peur de l'école ou de quelque chose à l'école. Simplement, il fait en sorte de ne pas y aller ou très peu...

La phobie scolaire de Dimitri est liée très nettement à une angoisse de séparation en rapport avec le système relationnel de la famille. Le père est absent de la scène familiale et surtout de la relation entre Dimitri et sa mère. Les circonstances ont fait qu'il n'a pas assuré son rôle de tiers entre la mère et l'enfant et qu'un couple trop symbiotique s'est ainsi constitué, dans lequel les deux partenaires ont cru trouver leur compte. Dimitri a parfaitement saisi que sa mère n'avait aucune envie de le voir grandir, il se soumet à cette injonction silencieuse : ses symptômes le laissent près d'elle, à la maison.

Dans ce cas de figure, des entretiens familiaux aident considérablement les uns et les autres à évoluer. C'est ce qui s'est passé pour Dimitri qui a, depuis, repris le chemin de l'école.

Parfois, la phobie est limitée à une situation précise. L'enfant va à l'école sans drame, mais il se met dans une position de refus par rapport à une situation précise. Je pense à une petite fille qui refusait de réciter ses poésies qu'elle savait pourtant par cœur. Ce n'était pas une enfant particulièrement timide, elle avait de bonnes amies et participait volontiers aux activités de la classe, mais cette épreuve la terrifiait. J'ai fini par comprendre qu'elle avait eu affreusement peur « à la place » d'une autre élève, qui s'était fait ridiculiser par le professeur car elle ne savait pas sa récitation, et que la phobie s'était développée à partir de cet événement.

Pour Jade, c'est l'apprentissage de la lecture qui a été l'objet de toute son angoisse et qui lui a valu bien des tourments !

Quand je l'ai connue, elle était en milieu de CE1 et lisait en ânonnant, sans rien comprendre au texte qu'elle avait sous les yeux. Avant moi, deux orthophonistes avaient fait des bilans qui montraient qu'il n'y avait pas de troubles spécifiques justifiant des difficultés aussi lourdes. Elle suivait cependant une rééducation chez l'une d'elles, qui faisait ce qu'elle pouvait pour la faire progresser. Un bilan psychologique m'était demandé, ce qui paraissait assez logique étant donné la situation.
À cette occasion, j'ai d'abord reçu Jade avec ses parents, puis seule à trois reprises, avant de recevoir ses parents sans elle.
Le bilan a montré que cette enfant avait une intelligence normale et qu'il n'y avait aucune raison qu'elle ne puisse pas lire correc-

tement. Mais les dessins et entretiens ont surtout mis en évidence la place très sensible qu'occupait son grand frère, un adolescent poly-handicapé. Ce garçon de quatorze ans, qui passait ses journées dans un centre, mais rentrait dans sa famille le soir, était en fauteuil roulant et avait, au dire de ses parents, l'âge mental d'un enfant de quatre ans. Il ne savait ni lire ni écrire, et ne saurait probablement jamais. Jade l'aimait beaucoup.

À partir de là, tout un travail a été fait, assez long et laborieux, qui a autorisé Jade à avancer dans les apprentissages, sans avoir peur de dépasser son grand frère.

Les phobies scolaires de l'enfant peuvent survenir brutalement, sans crier gare ! Le refus est alors massif, violent et désempare les parents qui se demandent, tout au moins au début, s'il ne s'agit pas simplement d'un caprice. J'ai en tête plusieurs exemples où l'évitement de l'enfant était spectaculaire, comme ce garçon de dix ans que son père emmenait à l'école malgré sa résistance et qui n'a pas hésité à sauter de la voiture, au risque de se faire écraser ; ou cet autre du même âge, enfermé dans sa chambre au moment de partir à l'école et qui menaçait de sauter par la fenêtre. Ces manifestations sont proches de véritables attaques de panique : l'angoisse est alors immense et nécessite absolument une aide extérieure. Car, si certaines phobies scolaires de l'enfant ne constituent qu'un épisode passager et facilement réversible, d'autres formes plus sévères méritent une prise en charge psychologique adaptée.

La phobie scolaire à l'adolescence revêt, elle aussi, plusieurs formes et son intensité est variable. On l'a vu, l'adolescent doit affronter des remaniements physiques et psychologiques qui ne sont pas sans l'inquiéter et il est soumis à un grand nombre de contraintes. L'école en est une parmi d'autres, mais non la moindre... Il n'est guère étonnant qu'elle soit souvent l'objet de ses projections anxieuses. Pour Annie Birraux, à l'adolescence, « l'école est un espace bien particulier où l'obligation de penser met le moi en danger permanent et le contraint à mettre en place des défenses de plus en plus élaborées pour y faire face [1] ».

On reçoit ainsi des garçons ou des filles qui, parfois soudainement, désinvestissent leurs études : celles-ci ne semblent plus les intéresser du tout et, s'ils vont encore en classe, c'est en simples touristes, sans livres, sans cahiers, juste pour faire acte de présence. Ce comportement ne désigne pas forcément une phobie scolaire, mais il y a quand même un évitement par rapport à l'effort intellectuel et aux impératifs scolaires. L'intérêt de ces jeunes qui se détournent ainsi de la chose scolaire peut se porter massivement ailleurs : sur les copains, une relation amoureuse, un sport, une activité artistique découverte tardivement, qui occupe ainsi tout le champ de leur pensée. Quand leurs parents tentent d'intervenir, inquiets de résultats en chute libre, ils se rebellent avec virulence et luttent pied à pied pour empêcher ce qu'ils considèrent comme des intrusions insupportables dans leur vie. Quand on les rencontre, ils se plaignent de ne pas être compris ou que leurs parents et les enseignants ont vis-à-vis d'eux des exigences démesurées. Ils sont persuadés qu'on dramatise à outrance et que, bien évidemment, ils réussiront là où tous les autres ont échoué... J'en ai vu quelques-uns qui, effectivement, sauvaient *in extremis* une situation plus que périlleuse et en sortaient glorieux. La plupart sont cependant, à un moment donné, confrontés à leur échec, avec tous les risques que cela comporte, à commencer par celui de la dépression.

Ce qui semble particulièrement difficile à ces jeunes est

1. A. Birraux, *Éloge de la phobie*, *op. cit.*

la nécessité, qui leur est imposée à l'école, de penser, comme si réfléchir à la chose scolaire, c'était se confronter à une vie psychique trop complexe et douloureuse. D'ailleurs, quand on les rencontre dans un contexte psychothérapique, on sent combien il leur est difficile d'élaborer un raisonnement et de le mettre en mots. On a souvent affaire à une pauvreté de réflexion et d'expression qui n'a rien à voir avec les capacités intellectuelles, mais est bel et bien liée à une inhibition de la pensée.

L'angoisse peut aussi naître des enjeux qui se précisent au fur et à mesure que les jeunes avancent dans leur cursus. Ces enjeux qui les font entrer à petits pas vers la vie adulte leur font peur : l'échec est là pour reculer les échéances. La vie scolaire de l'adolescent est ponctuée de choix qui orientent son avenir, ce qui n'est guère facile pour lui. Il doit se projeter plus loin qu'il ne le voudrait, lui qui vit au jour le jour et pour qui l'avenir, justement, c'est demain matin... Aujourd'hui, on insiste sur ces choix d'orientation, on met les adolescents en demeure de se déterminer très tôt, comme si, à quatorze ou quinze ans, ils pouvaient avoir des projets d'avenir fermes et être certains de leur choix. Cela les inquiète, inquiète leurs parents qui font écho au discours des enseignants, et crée du stress et de l'anxiété qui pourraient être évités. Je crois que, tout en leur montrant les différentes possibilités qui s'offrent à eux, et à condition de ne pas créer trop de hiérarchie entre les différentes voies, on peut les rassurer en leur montrant que ces choix ne sont pas des pièges qui se referment à jamais et que les changements de direction restent toujours possibles.

Cela me paraît important, car toute cette angoisse autour de l'orientation entraîne, peut-être pas de vraies phobies scolaires, mais des désinvestissements qui s'en rapprochent et font courir le risque de véritables ruptures. De fait, l'adolescent qui ne fait rien au collège ou au lycée, même s'il est très intelligent, finira par être en échec et ses résultats catastrophiques seront autant de blessures d'amour-propre dont il aura du mal à se remettre.

Comme pour les enfants, le refus scolaire peut être massif et l'adolescent peut décréter qu'il ne peut plus aller en classe. On est alors de plain-pied dans la phobie scolaire, avec très souvent d'autres symptômes associés qu'il faut s'efforcer de bien repérer pour les traiter si cela est nécessaire. Avant ce refus tranché, le jeune passe souvent par une phase plus discrète où il rationalise ses absences, soit par de la fatigue, soit par des maux divers. Puis, malgré une volonté affichée de repartir au lycée, il y renonce au dernier moment, la panique l'empêchant d'aller plus loin.

C'est le cas de Valérie, dix-huit ans, que je vois parce qu'elle ne va plus au lycée depuis plus d'un mois. Nous sommes en février, le bac est en juin... Valérie est dans un lycée assez élitiste où la charge de travail est importante et les exigences élevées. Elle y est depuis la seconde et, sans être brillante, en travaillant beaucoup, elle a suivi normalement jusque-là.

Pendant les vacances de Noël, au lieu de se reposer, Valérie a eu une grosse angine avec une forte fièvre qui l'a beaucoup fatiguée. Elle a justifié ses absences au retour des vacances par cette grande fatigue. Au bout de quelques jours, sa mère, voyant le temps passer et jugeant que son état ne justifiait plus qu'elle reste à la maison, lui a expliqué qu'elle allait finir par prendre du retard et l'a vivement incitée à retourner au lycée. La première tentative de Valérie s'est soldée par une matinée à l'infirmerie et un retour à la maison dans l'après-midi. La journée du lendemain s'est déroulée de la même façon, puis Valérie n'est plus retournée au lycée.

Ses parents lui ont demandé de me rencontrer, bien qu'elle ne soit pas très convaincue de la démarche. Quand je la vois, elle est assez virulente contre l'établissement scolaire, qu'elle « déteste » et même contre ses camarades de classe, « tous des hypocrites ». Elle voudrait changer d'établissement, ce qui n'est

guère réaliste étant donné le moment de l'année et son niveau de classe.
L'agressivité domine assez vite les échanges qu'elle a avec moi quand nous nous voyons, comme ceux qu'elle a avec les uns et les autres, ses parents ou ses deux sœurs. À d'autres moments, elle s'effondre et fantasme sur son futur échec au bac.

Le suivi de Valérie a été assez long. Elle n'est pas retournée en classe et n'a pas passé son bac. Un état dépressif plus franc est apparu, qui a mérité un traitement médical. La dépression était-elle réactionnelle à la phobie scolaire ou au contraire antérieure ? La réponse ne m'est apparue ni évidente ni certaine. Ce qui est sûr, c'est que Valérie, au narcissisme fragile, ne supportait pas les contraintes extérieures imposées par le cadre scolaire, qui venaient s'ajouter aux contraintes internes que représente le processus d'adolescence loin d'être achevé. L'image qui lui était renvoyée d'elle, loin de renforcer ses assises narcissiques, les faisait vaciller encore davantage et augmentait dangereusement la perte d'estime d'elle-même. Le lycée était perçu comme un « objet persécuteur » extrêmement menaçant dont elle devait se protéger absolument.

Dans le cas de Valérie, on pourrait dire que la phobie scolaire, qui aurait pu empêcher un effondrement plus massif, n'a pas suffi à la protéger.

À l'adolescence, phobie scolaire et dépression sont très souvent associées. Des pathologies plus lourdes sont parfois mises au jour au détour de la phobie scolaire, notamment des troubles de la personnalité. Il est donc important de la repérer quand elle se manifeste – or, nous l'avons vu, elle ne s'exprime pas toujours de façon spectaculaire.

Quelle attitude les parents peuvent-ils avoir face à un évitement scolaire ?

Ce n'est pas toujours facile de savoir comment réagir face à un comportement dont la logique nous échappe. Toute phobie paraît absurde à celui qui ne l'éprouve pas et rien n'est plus déroutant que de se retrouver face à son enfant quand il exprime une peur panique et semble sourd à tout appel à la raison... Mise à part la maternelle, l'école est obligatoire, elle est un lieu essentiel d'apprentissage et de socialisation. Il est donc normal que les parents fassent tout ce qu'ils peuvent pour venir à bout de ce trouble.

Avec des enfants très jeunes, en fin de maternelle ou en début de primaire par exemple, parfois un peu de fermeté ne fait pas de mal, ou plutôt de conviction. L'enfant doit sentir que ses parents sont convaincus qu'il doit aller à l'école et qu'ils n'ont pas d'état d'âme sur la question. En effet, il est très fort pour repérer les hésitations et autres atermoiements et saura en jouer avec une grande habileté. D'autre part, si les bénéfices secondaires qu'il reçoit quand il reste à la maison sont trop importants, il va de soi qu'il n'aura aucune envie de retourner en classe... On peut donc se montrer un peu ferme, en lui indiquant, par exemple, que s'il est si fatigué, s'il a si mal au ventre, il doit rester sur son lit et ne pas regarder la télévision !

Ce qui est sûr, c'est que, aussi bien pour les petits que pour les grands, moins l'enfant ira à l'école, plus cela lui sera difficile d'y retourner. Il n'y a donc pas de temps à perdre. À ces âges, le refus scolaire est le plus souvent rapidement réversible. Quand ce n'est pas le cas, il est bon de consulter.

Avec des adolescents, les choses sont plus complexes, à

l'image des rapports entre parents et enfants à ce moment-là ! Les parents sont, bien sûr, très désemparés et inquiets devant ce type de manifestations qui menace l'avenir scolaire de leur enfant. D'autant que certains y ont mis beaucoup d'espoir et d'attente. Ils essaient tous les registres d'intervention, des promesses de récompense aux menaces de sanction. Si l'autorité a peu de prise et aurait plutôt tendance à aggraver la situation, une écoute attentive des inquiétudes de l'adolescent, beaucoup d'empathie pour montrer que l'on comprend, mais surtout un solide soutien accompagné d'encouragements sont souvent de bons leviers pour ce jeune qui manque tant de confiance en lui. Comme pour l'enfant, si le trouble persiste, il est indispensable de consulter. Nous verrons plus loin qu'il peut y avoir plusieurs options thérapeutiques.

8

Phobie ou trouble obsessionnel compulsif ?

La phobie et le trouble obsessionnel compulsif, qu'on appelle couramment TOC, ont quelques points communs, à commencer par la peur précise d'un objet ou d'une situation qui suscite une angoisse très vive. Ils font l'un et l'autre partie des troubles anxieux. Les personnes qui en souffrent ne sont pas délirantes, elles ont conscience du côté irrationnel de leur peur, mais, malgré tout, elles ne peuvent pas l'empêcher. Les adultes sont concernés par ces troubles, mais aussi les enfants et un grand nombre d'adolescents. Les ressemblances s'arrêtent là, car les mécanismes de défense, mis en place pour se protéger de l'énorme angoisse ressentie, divergent et en font deux entités bien distinctes.

On l'a vu, le système de défense du phobique est l'évitement. Pour apaiser l'angoisse qui l'étreint, il évite de se confronter à l'objet qui lui fait peur. Le phobique de l'avion, pour prendre l'exemple d'une phobie simple et courante, s'il évite de prendre l'avion, n'est plus du tout angoissé car l'évitement est pour lui tout à fait rassurant. L'enfant qui a une phobie scolaire se sent bien tant qu'il ne va pas en classe, qu'il est tranquillement chez lui. Ce n'est que la perspective proche d'être confronté à l'objet de sa peur qui va réactiver son angoisse et lui donner envie de fuir coûte que coûte. L'évitement soulage donc durablement le phobique.

Contrairement aux phobiques, les personnes qui souffrent d'un TOC ne sont pas soulagées de leur angoisse par l'évitement. La peur d'une situation, par exemple d'être confronté à de la saleté, ne s'estompe pas en l'absence de saleté. La préoccupation se maintient sous la forme d'une rumination pénible qu'on appelle obsession. Et cette obsession revient sans cesse. C'est ce qui fait dire à Alain Sauteraud, psychiatre spécialisé dans ce type de troubles, que « l'obsession n'a pas de fin [1] ».

Pour tenter de faire taire ses pensées obsédantes, le sujet s'impose parallèlement un certain nombre de rites, en quelque sorte conjuratoires : ce sont les compulsions. Celui qui est obsédé par la saleté va ainsi se laver les mains des dizaines de fois, prendre un mouchoir pour ouvrir les portes, éviter de toucher ce qu'il n'a pas désinfecté... Celui qui a peur de se tromper se perdra dans un dédale de vérifications, etc.

Le trouble obsessionnel compulsif est donc dominé, d'une part, par des obsessions, qui sont les craintes d'une situation dangereuse, d'autre part, par des compulsions, sortes de rites qui s'imposent au sujet et qui sont censés le rassurer.

Mais tous les rituels ne sont heureusement pas des compulsions. Même si l'on repère des TOC chez des enfants dès l'âge de trois ans, on observe aussi de nombreux enfants qui adoptent, entre trois et six ans, des rituels rassurants qui ne sont pas forcément liés à des obsessions. Nous savons bien qu'à cet âge, pris dans le tourment œdipien, l'enfant passe par des moments d'anxiété qui ne sont que transitoires. Les rites du coucher – raconter une histoire, laisser la porte ouverte, boire un verre d'eau, pour ne parler que des plus courants – sont parfois très utiles et lui permettent de

1. Alain Sauteraud, *Je ne peux pas m'arrêter de laver, vérifier, compter*, Odile Jacob, 2000.

se séparer de sa mère, sans trop d'angoisse, pour cette nuit qui lui paraît une éternité...

Le TOC, selon la dénomination retenue par la psychiatrie contemporaine, a été décrit initialement par Pierre Janet, psychiatre de la fin du XIXe siècle, dans *Les Obsessions et la Psychasthénie*. Et c'est Freud qui, en 1909, lui a donné le nom de « névrose obsessionnelle » dans son livre *Cinq psychanalyses* et particulièrement dans son exposé consacré à l'analyse de « l'homme aux rats [1] ». Il y relate les souffrances d'un jeune homme qui souffre de pensées obsédantes : « Sa maladie consiste principalement en appréhensions ; il craint qu'il n'arrive quelque chose à deux personnes qui lui sont très chères : à son père et à une dame à laquelle il a voué un amour respectueux. Il dit, en outre, éprouver des pulsions obsessionnelles, comme se trancher la gorge avec un rasoir, il se forme en lui aussi des interdictions se rapportant à des choses insignifiantes. » Le jeune homme est également obsédé par l'idée que des rats puissent dévorer l'anus de personnes qu'il aime, après avoir entendu des officiers décrire ce supplice épouvantable pratiqué en Orient (d'où le nom d'« homme aux rats » que Freud gardera pour faire l'exposé de la cure de ce patient).

La saleté et la peur de se tromper

Chez les enfants et les adolescents, les thèmes obsessionnels les plus communs concernent la saleté et la peur de se tromper, auxquelles s'ajoute, à l'adolescence plus particulièrement, la peur d'être agressif et de provoquer des catastrophes. Les parents consultent pour leur enfant, soit parce

1. Sigmund Freud, « L'homme aux rats », in *Cinq psychanalyses*, *op. cit.*

qu'ils ont repéré chez lui des signes d'anxiété qui les alertent, soit parce que ces « manies » les agacent. Comme les parents de Marie, obsédée par la saleté, qui, à huit ans, se lave les mains et les jambes indéfiniment, dès qu'elle sort des toilettes : ils n'en peuvent plus de ces rituels qui lui prennent de plus en plus de temps. Ou comme ceux de Félix, onze ans, obsédé par le rangement, qui n'ont pas le droit de s'asseoir sur son lit, car ils seraient susceptibles de déranger les coussins et feraient des plis sur le dessus-de-lit.

Les parents de Mélanie, douze ans, eux-mêmes très soucieux d'ordre et de propreté, apprécient le goût des choses rangées qu'ils ont repéré chez leur fille, mais s'inquiètent et s'agacent de sa lenteur qui fait, disent-ils, qu'« on est toujours en train de l'attendre et qu'elle ne termine son travail que très tard le soir, alors qu'elle devrait être couchée depuis longtemps ».
J'apprends au bout de quelques séances que ce temps perdu est occupé à des rituels de rangement, liés à une obsession de la saleté qui la tient aussi des heures dans la salle de bains. Ainsi, le soir, Mélanie range et dérange sa trousse, car elle craint toujours d'y retrouver de la poussière ou quelques pelures de crayons. Elle a du mal à sortir de la douche, persuadée qu'elle a encore certainement besoin de se laver. Ce sont les hurlements de sa mère qui s'impatiente pour qu'elle vienne dîner ou pour qu'elle aille se coucher qui viennent à bout de ses rituels. « Je sais, c'est ridicule, me dit Mélanie en me décrivant, avec un peu de honte, son comportement, mais je peux pas m'en empêcher. »

Elle souligne bien là que l'enfant ou l'adolescent qui souffre de TOC, d'une part, en a conscience, d'autre part, n'en est pas fier... donc en parle rarement spontanément.

Les parents de Mélanie se sont alertés de sa lenteur et ils ont eu raison, car leur fille, comme tous ceux qui souffrent d'obsessions, perdait chaque jour un temps considérable dans ses rituels. Les enfants obsédés par l'ordre, la symétrie, peuvent passer une heure à faire et défaire leur cartable, ne supportant pas un cahier de travers, ou que le classeur bleu soit devant le classeur vert. J'en ai rencontré qui ne pouvaient se mettre au travail qu'une fois leur bureau rangé, le problème étant que celui-ci n'était jamais assez bien rangé...

Ceux qui sont obsédés par l'idée de ne pas se tromper et qui, du coup, vérifient à l'infini qu'ils n'ont pas fait d'erreur, sans jamais être tout à fait rassurés... perdent aussi un temps précieux. C'est parfois au détour d'une consultation pour des difficultés scolaires que l'on met au jour ces obsessions que les enfants ou les adolescents avaient réussi à cacher à leur entourage. Pourtant, nombre d'entre eux sont de très bons élèves. Leur souci du détail et de la perfection leur permet, malgré le temps perdu, un travail consciencieux qui, en général, en fait des élèves appréciés par leurs professeurs. Cependant, l'angoisse de mal faire les pousse à en faire toujours davantage et, à ce rythme, ils s'épuisent et parfois craquent.

Rémi est en fin de seconde. Il a quinze ans. C'est l'aîné de trois enfants, un aîné responsable et sérieux qui ne pose aucun problème en famille. Il va dans un bon lycée de la proche banlieue parisienne et il y obtient d'excellents résultats, qui laissent présager son passage en première S, comme il le souhaite vivement. Mais Rémi n'est jamais sûr d'en avoir fait suffisamment. Il travaille des heures et des heures et, du coup, souffre de « n'avoir jamais assez de temps ». Il refuse le plus souvent de sortir avec des amis et a de moins en moins de loisirs. Il s'inquiète, alors même que son travail est fait, de l'ampleur de la tâche qu'il lui reste à accomplir. Chaque soir, il vérifie qu'il connaît ses cours parfaitement. Lorsqu'il doit rendre un devoir écrit, il traque l'erreur et, s'il ne la trouve pas, la cherche encore ! Il se couche très tard, parfois se relève parce qu'il est sûr d'avoir oublié de revoir une question essentielle... Curieusement, quand il est en classe et qu'il doit faire un devoir sur table, il le termine en temps voulu : très méticuleux, mais soucieux de respecter la règle, il se soumet au temps imparti. Ses vrais rituels ont lieu chez lui, sans doute parce que c'est là qu'il est censé maîtriser seul son temps et que cette liberté lui donne le vertige.

Quand je le vois, à sa demande, il est épuisé par cette angoisse et sent qu'il s'enferme dans ses obsessions. Comme c'est un garçon très intelligent et doué d'une réelle ambition, dans le bon sens du terme, il a compris qu'il risquait d'hypothéquer ses chances de réussite, il critique son comportement et veut qu'on l'aide à en sortir.

Le trouble de Rémi, qui semble s'être installé insidieusement en quelques mois, a évolué très favorablement avec la thérapie proposée, mais on voit bien qu'il commençait à être débordé par son angoisse et que le risque d'une décompensation dépressive était sérieux. La dépression apparaît d'ailleurs comme une des complications majeures des TOC.

L'agressivité

L'agressivité est aussi un thème récurrent, surtout chez les adolescents. Proche des phobies d'impulsion dont j'ai déjà parlé, l'adolescent a peur de se faire mal, mais surtout de ne pas contrôler sa violence vis-à-vis des autres. Dans la phobie d'impulsion, le fait d'éviter les situations qu'il estime dangereuses soulage l'angoisse : par exemple, se tenir éloigné d'objets tranchants apaise l'angoisse de tuer quelqu'un avec ces objets. Dans le TOC, la force de la pensée est telle qu'elle se confond avec l'action, donnant naissance simultanément à l'angoisse et à la culpabilité : « J'aurais pu le tuer, je pourrais le tuer » sont des ruminations obsédantes que rien n'arrête et qui nourrissent une culpabilité vive, avec un risque de dépression élevé.

À l'adolescence, en dehors de toute pathologie, l'ambivalence à l'égard des parents est extrême. Se dégager d'une emprise souvent imaginaire devient une nécessité : les pensées agressives sont ainsi, en tout état de cause, omniprésentes. Pris dans ces tourments, les adolescents obsessionnels compulsifs sont, comme les autres, naturellement enclins à ce genre de pensées. Mais, contrairement aux autres, ils sont terrifiés par le danger qui pourrait frapper leurs proches, s'en culpabilisent à outrance et tentent de conjurer le sort par des rituels sans fin. Dans « L'homme aux rats », Freud souligne d'ailleurs que l'ambivalence – c'est-à-dire la coexistence, à l'endroit d'une même personne, de sentiments contradictoires d'amour et de haine – « est l'un des caractères les plus fréquents, les plus prononcés, et pour cela même, l'un des plus importants de la névrose obsessionnelle[1] ».

Si ces adolescents qui ont si peur d'agresser l'autre ne passent jamais à l'acte, ils doutent réellement de pouvoir s'en empêcher. Les personnalités compulsives, qu'elles soient adultes, adolescentes ou enfants, sont habitées par le doute et, malgré les rituels qui transforment parfois leur vie en enfer, elles ne sont jamais sûres de pouvoir contrecarrer leurs pensées dangereuses. Cela explique la répétition des rituels et le rythme infernal qu'ils peuvent prendre dans la vie du malade.

Le thème de l'agressivité se retrouve avec une grande fréquence chez les enfants atteints d'un TOC. Vis-à-vis de leur entourage affectif proche – parents, frères et sœurs –, ils ressentent, comme les adolescents, une ambivalence qui les tourmente d'autant plus que la coexistence de sentiments contradictoires est pour eux très difficile à saisir. À

1. *Ibid.*

cela s'ajoute le fait qu'ils croient très longtemps en la force de leurs pensées (c'est ce que l'on appelle, on l'a vu, la « pensée magique »). Leurs « mauvaises » pensées à l'égard d'un des leurs leur font donc très peur. Ils luttent contre elles en se contraignant à faire des choses censées annuler le danger qu'elles représentent.

Ainsi Elsa, neuf ans qui vivait très mal la rivalité qu'elle ressentait vis-à-vis de son jeune frère, s'obligeait-elle, dans la rue, à marcher sur le bord du trottoir et, quand elle traversait, à mettre ses pieds uniquement sur les bandes blanches des passages cloutés, pour faire en sorte qu'il ne lui arrive pas malheur... Quant à Michaël, il s'imposait de toucher un tronc d'arbre sur deux sur le trajet qui le conduisait à l'école, pour annuler tous les vœux agressifs qu'il formulait contre son père et être sûr, ainsi, qu'« il ne lui arriverait rien ». Certains s'imposent des phrases conjuratoires, des séries de chiffres, des sortes de formules magiques, mais aussi des petits mots idiots qui ne veulent rien dire, mais qui reviennent comme une rengaine et font dire à ce garçon de dix ans : « J'ai comme une musique dans la tête »...

C'est donc principalement pour éviter que n'arrive une catastrophe à l'un des leurs que les enfants s'enferment dans ces comportements compulsifs. Si cela empêche l'enfant de vivre, il est urgent de consulter. S'il s'agit de petits rituels, pas forcément envahissants, mais très répétés, il faut en parler avec l'enfant pour savoir ce qui, dans sa vie actuelle, peut le soucier au point de justifier un tel rite conjuratoire.

Quelle frontière entre le normal et le pathologique ?

Ces manifestations, qui peuvent ressembler à des superstitions, sont pathologiques quand elles s'imposent massivement à l'enfant, qui n'a plus le choix et qui, bien qu'il en voie le caractère ridicule ou incohérent, ne peut pas lutter contre. Il en souffre, s'en cache, mais ne peut faire autrement que de perdre de plus en plus de temps à obéir à ses contraintes intérieures « plus fortes que lui ». La notion de temps passé à satisfaire les rituels est importante, car, pour que l'on considère qu'il y a TOC, il faut que ce temps occupe une place prépondérante dans la journée de la personne concernée. Les parents ne doivent donc pas s'alarmer outre mesure : les rituels des enfants ne sont pas tous en lien avec un TOC, loin s'en faut !

Il ne faut pas perdre de vue que nombre d'entre eux passent, et plus particulièrement à la période œdipienne, par des moments d'anxiété qu'ils s'efforcent de contrôler en s'obligeant à faire telle ou telle chose. J'ai rencontré des dizaines d'enfants qui, comme Elsa, se contraignaient à ne pas marcher sur les bandes blanches des passages cloutés... ou le contraire ! Mais, contrairement à Elsa, qui n'était plus une toute petite fille et qui avait d'ailleurs d'autres rituels, ils n'en étaient pas réellement gênés dans leur vie quotidienne. Ils n'étaient pas ralentis, envahis par leurs « manies » comme le sont ceux qui souffrent d'un TOC. La force de conviction de leurs pensées était moins forte et leurs manifestations se sont estompées pour disparaître complètement quand leur anxiété est retombée.

Il y a donc des moments dans le développement psychoaffectif de l'enfant où il adopte des conduites proches du comportement obsessionnel compulsif sans que ces conduites s'inscrivent pour autant dans un processus vraiment pathologique. Le diagnostic de TOC chez un enfant ou un adolescent n'est pas si facile à poser, il mérite qu'on y prenne suffisamment de temps et, souvent, deux avis valent mieux qu'un ! Pour ma part, ceux que j'ai rencontrés venaient consulter avec leurs parents pour des raisons variées : certains s'inquiétaient d'une lenteur qui pouvait avoir un retentissement sur leurs résultats scolaires, d'autres se demandaient quelles pouvaient être les raisons de ce sentiment d'insatisfaction permanent qu'ils observaient chez leur enfant. Quelques-uns cherchaient une aide, car ils ne supportaient plus les conflits constants qui rendaient pénible la vie à la maison. Enfin, un certain nombre d'enfants avaient des tics et leurs parents étaient soucieux de ces manifestations qui les « agressaient » lorsqu'elles duraient depuis déjà un bon moment.

Mais, là encore, on peut avoir des tics ou être lent sans souffrir pour autant d'un TOC, et certaines personnalités méticuleuses, rangées, perfectionnistes, « obsessionnelles » dirait-on dans le langage courant, ne sont pas non plus atteintes.

Ce qui rend le diagnostic difficile, c'est que les enfants et les adolescents que l'on rencontre « parce que quelque chose ne va pas » cachent leur trouble et peuvent le cacher longtemps. Ils n'en parlent que très rarement spontanément, car ils se jugent ridicules et ont parfaitement conscience de l'absurdité de ce qu'ils vivent. Certains peuvent même penser qu'ils sont fous, ce qui bien sûr n'est pas le cas. Cette honte de leur symptôme, ce secret qu'ils gardent en eux parfois depuis longtemps, explique qu'il faille prendre du temps pour gagner leur confiance et pousser suffisamment loin le dialogue avec eux, mais aussi avec leurs parents.

Le fait que ce trouble ait été médiatisé ces derniers temps a sans doute contribué à déculpabiliser ceux qui en souffrent et a été pour certains l'occasion d'en parler. Comme quoi, parfois, la médiatisation a du bon ! Pour les parents d'enfants obsessionnels compulsifs, cette information, même partielle, a été précieuse car le TOC est une énigme douloureuse. Ceux que j'ai rencontrés étaient passés par une incompréhension totale, par un sentiment d'impuissance insupportable, leurs tentatives d'aide restant vaines et leurs injonctions à faire taire les rituels sans effet... Une fois le diagnostic posé, ils avaient tous bien compris que le besoin de leur enfant de faire telle ou telle chose et d'y consacrer un temps précieux était impérieux. Mais ils connaissaient aussi, pour la plupart, des moments d'exaspération intense : « Parfois, on craque », dit cette maman dont la fille a des rituels de lavage qui lui prennent des heures... Ils soulignaient aussi la difficulté, quand il y avait d'autres enfants, de faire deux poids deux mesures et d'avoir une tolérance avec l'enfant « malade » qu'ils n'avaient pas avec leurs autres enfants.

Le TOC est donc un trouble anxieux particulièrement difficile à vivre pour ceux qui en souffrent et même pour leur entourage. D'où l'importance de le repérer tôt et de mettre en place un programme de soins adapté. Nous verrons au dernier chapitre que les traitements ont largement évolué, aussi bien sur le plan médical que psychothérapique.

9

De la peur des parents à la peur des enfants

Tout au long de ce livre, on a vu l'extrême dépendance qui existe entre les enfants et leurs parents et le travail important, de l'enfance à l'adolescence, mis en œuvre pour prendre ses distances. En ce qui concerne les émotions, ce travail de distanciation peut s'avérer difficile, car l'enfant traite ses émotions comme ses parents le lui ont appris. Parfois, seul un travail d'analyse permet à l'adulte d'en prendre conscience et d'y réfléchir.

Claude Halmos, psychanalyste, écrit fort justement que, « si nous sommes égaux devant la survenue des émotions, nous ne le sommes pas face au "traitement" qu'elles vont subir. La façon, en effet, dont l'enfant va pouvoir (ou non) accueillir, ressentir et exprimer les émotions qui lui adviennent ne dépend pas que de lui... En matière d'émotions l'entourage pèse lourd[1]. » En ce qui concerne une émotion comme la peur, les interactions parents/enfants sont claires !

Les parents eux-mêmes sont souvent pris dans un système qui les dépasse et abordent leurs émotions sur le même mode que leurs propres parents, parfois que leurs grands-parents. Il y a une culture familiale des émotions qui se transmet : il y a des familles où l'on rit et où l'on pleure

1. Claude Halmos, in revue *Psychologie*, avril 2001.

pour un oui ou pour un non, des familles où, devant le pire malheur, on serre les dents plutôt que d'exprimer le moindre sentiment, des familles frileuses où l'on a peur de tout, d'autres où l'on affronte les pires défis au mépris de toute peur ! Selon un mouvement d'identification naturel, les enfants réagissent le plus souvent sur le même mode, ils comprennent vite qu'il vaut mieux adopter les mêmes codes, au risque de déplaire.

Du reste, si l'enfant est si attentif au comportement des adultes face à leurs émotions, c'est qu'il est lui-même un peu perdu devant les siennes. Il a besoin que les adultes l'aident à les apprivoiser. En effet, il a du mal, tout seul, à mettre des mots sur ce qu'il éprouve. Sa colère, sa tristesse, sa joie, sa peur, tout ce remue-ménage l'inquiète : ne sachant pas clairement identifier ses émotions, il pense qu'elles pourraient, comme un grand tourbillon de vagues, le submerger. Ce sont ses parents qui sont, en principe, les mieux placés pour l'aider à verbaliser ce qu'il éprouve et qui peuvent l'accompagner sereinement dans la découverte de ce qu'il ressent. Dans un premier temps, ils peuvent essayer de le faire parler. Si leurs encouragements ne suffisent pas, il faut lui dire qu'on s'inquiète et qu'on voudrait l'emmener consulter. L'analyse d'enfants est faite en grande partie de cette mise en mots d'émotions, ressenties mais mal identifiées, qui, du coup, créent du trouble et perturbent.

Pour les parents, il y a deux écueils dans cet accompagnement si important dans la mesure où, comme le dit Claude Halmos, « il va peser lourd » dans la façon dont l'enfant fera face ultérieurement à ses émotions : il faut éviter la surprotection et la banalisation à outrance.

La surprotection

Le mouvement naturel de toute mère est de protéger son enfant des agressions extérieures. Dès le moment où on lui pose son bébé dans les bras juste après la naissance, elle sait que plus rien ne sera jamais comme avant et, aux sentiments d'amour qui la submergent, se mêle une angoisse sourde qu'il lui arrive du mal. L'enfant, lui, a besoin de cette protection sans laquelle il ne peut pas grandir. Ce sont ses parents qui le préviennent du danger, il ne le connaît pas naturellement (le feu brûle, le couteau coupe, les voitures dans la rue vont vite...). Ils sont là pour informer, expliquer, protéger donc. Mais protection ne veut pas dire surprotection.

Certaines mères particulièrement anxieuses essaient de parer à tous les dangers et, ce faisant, empêchent l'enfant de faire des expériences nécessaires à sa propre découverte du monde. Il aura bien du mal, alors, à s'y sentir en sécurité. « Ne touche pas, c'est dangereux », « Ne t'approche pas du chien, il va te mordre », « Ne cours pas, tu vas te faire mal », « Ne grimpe pas sur cette chaise, tu vas tomber »... Ces petites phrases lancées systématiquement et censées prévenir de grands dangers vont finalement engendrer de belles peurs chez l'enfant, qui les entend comme autant de menaces contre lesquelles il ne peut se prémunir, puisqu'en disant cela on ne le lui apprend pas.

D'autres mères, aux prises avec leur propre angoisse de séparation, appréhenderont de s'éloigner de l'enfant, persuadées que sa sécurité dépend d'elles et d'elles seules, et seront dans le souci permanent qu'il lui arrive quelque chose... « C'est vrai que je ne fais confiance à personne », me dit celle-ci, dont la fille de sept ans est très angoissée à l'idée de partir une semaine avec son école. « Quand je ne suis pas avec lui, je ne vis pas », m'avoue cette autre dont le petit garçon de neuf mois a des problèmes de sommeil.

Tant qu'il reste chez lui, dans son petit univers, l'enfant se satisfait de cette trop grande protection, mais une vie l'attend à l'extérieur, notamment dès qu'il passera la porte de l'école maternelle. Là, les choses vont prendre une autre tournure. Françoise Dolto disait que les enfants devaient être « initiés par la personne qu'ils connaissent à ces petits risques de la société ». Selon elle, pour que l'enfant se sente en sécurité, « il faut que la mère ait été un témoin compatissant de la peine éprouvée par lui, de ses expériences et qu'elle l'en ait consolé [1] ». En d'autres termes, il faut le laisser prendre des risques, prendre « des coups », mais ne pas l'abandonner pour autant à sa peine et savoir être là pour expliquer et le rassurer.

Quand tel n'est pas le cas, pour son plus grand drame, l'enfant est seul avec ses peurs, comme la petite Lisa, dont j'ai déjà parlé, qui avait été si peu préparée à aller à la rencontre des autres enfants qu'elle était submergée par l'angoisse et n'avait comme seul recours qu'un évitement phobique.

Protéger de façon excessive ses enfants des autres enfants, c'est les mettre en danger, car ils sont alors complètement démunis et entrent très vite dans le cercle vicieux de l'exclusion. L'anxiété sociale se nourrit aussi de ce manque d'apprentissage initial qui laisse penser à l'enfant, et plus tard à l'adolescent, qu'il est incapable d'affronter le regard des autres.

Les parents qui protègent ainsi à outrance leurs enfants des autres n'en ont pas toujours conscience. Même s'ils le rationalisent parfaitement, ils sont souvent eux-mêmes très craintifs

1. F. Dolto, *op. cit.*

de la rencontre et vivent dans un monde où les échanges avec l'extérieur sont parfois réduits au strict minimum.

Il est certain que, dans les troubles anxieux de l'enfant et de l'adolescent – peurs, phobies, TOC –, on trouve la plupart du temps une anxiété forte chez l'un ou l'autre des parents. « J'avoue que moi-même j'ai très peur de l'eau », me dit cette mère que je rencontre avec son fils de huit ans qui refuse d'aller à la piscine avec sa classe. Les phobies spécifiques – d'un animal, d'un aliment, de l'avion – sont souvent transmises par un des parents qui envoie des messages de danger que l'enfant récupère à son compte. Une mère agoraphobe qui, entre autres, ne pouvait pas conduire sa voiture pour venir chez moi avec son fils, ni prendre le métro, et venait donc accompagnée de son propre père, était préoccupée par les angoisses de son fils de onze ans qui avait des malaises à l'idée d'un voyage en avion qu'il devait faire aux prochaines vacances. Sans entrer dans les détails de leur histoire complexe, il est clair que mère et fils étaient unis par une même angoisse !

De nombreux spécialistes de l'enfance et de l'adolescence rejoignent cette observation clinique et s'accordent pour dire que le lien entre l'anxiété des parents et celle des enfants est fréquent. Philippe Jeammet pense ainsi à propos du trouble obsessionnel compulsif chez l'enfant ou l'adolescent que l'anxiété parentale est presque une constante. Pour lui, « le fait que, au sein de la famille, l'un ou l'autre des parents manifeste des préoccupations anxieuses concernant l'enfant et un besoin de contrôler ce qu'il fait, animé par la peur constante qu'il ne fasse des bêtises ou qu'il ne se fasse mal, favorise l'apparition des TOCS [1]. » Annie Birraux écrit pour sa part : « Ce que nous avons pu repérer, qui n'a aucune valeur statistique, mais un intérêt clinique, c'est qu'il

1. Philippe Jeammet, *op. cit.*

n'y a pas de phobie scolaire sans effondrement dépressif de l'un au moins des parents[1]. »

Pour autant, il ne s'agit pas de culpabiliser les parents, ni d'entrer dans une logique de fatalité, mais d'avoir en tête qu'à travers le soutien qu'ils demandent pour leur enfant, on peut aussi les aider à dévoiler leur propre angoisse et y réfléchir avec eux.

Une autre forme de surprotection qui serait toxique pour l'enfant serait de vouloir lui épargner à tout prix des émotions jugées trop fortes pour qu'il les surmonte. Là encore, dans le souci de le protéger, les adultes veulent lui éviter des émotions qu'il doit nécessairement connaître à travers un événement de sa vie : un deuil, une maladie d'un proche, par exemple. Dans ce souci, on ne l'emmène pas à l'enterrement d'un grand-parent, on ne le prévient pas de la maladie de sa mère, on ment sur les circonstances de la mort d'un oncle... C'est oublier que les enfants sont les champions quand il s'agit de deviner les émotions des autres, que nul n'est besoin de leur cacher les choses graves car ils en ont d'emblée l'intuition en regardant vivre leurs parents. Vouloir les protéger en instaurant autour d'eux une loi du silence, revient à les empêcher d'exprimer ce qu'ils éprouvent et à les confirmer dans l'idée que les émotions sont dangereuses, qu'il faut s'en méfier et les tenir à distance. Muselés par le silence des adultes, ces enfants n'apprennent pas à apprivoiser leurs émotions, ils ne les reconnaissent pas, elles leur sont étrangères.

La banalisation à outrance

La surprotection est donc un mal insidieux, très répandu, dont il faut se méfier. Il en va de même pour la banalisation

1. A. Birraux, *Éloge de la phobie*, *op. cit.*

à outrance des émotions de l'enfant, même si elle me paraît avoir été plus fréquente autrefois. Aujourd'hui encore, certains adultes n'ont aucune considération pour les émotions des enfants, sous prétexte qu'ils sont « petits ». « Ce n'est rien, ce n'est pas grave » : qui n'a pas un jour dit cela à son enfant qui venait chercher le réconfort ou tout simplement l'écoute ? Ces paroles ne sont pas rassurantes, car elles empêchent l'enfant d'aller au bout de ce qu'il veut dire et le privent du droit d'éprouver sa colère, sa peur, sa tristesse. Les chagrins d'enfants doivent être entendus et compris : petites brouilles, moqueries, méchancetés sont peut-être insignifiantes à l'échelle d'une vie d'adulte mais, au regard de l'enfant, elles ont une importance capitale. Il faut prendre le temps de les écouter pour que l'enfant comprenne vraiment ce qu'il ressent : de la jalousie ? de l'humiliation ? de la peur ? de la colère ? En parlant avec l'adulte, il y verra plus clair et souvent, d'ailleurs, redonnera à l'événement sa juste mesure.

La peur de mal faire

Certains parents vivent donc dans la peur très vive d'un danger pour leur enfant. Cette peur, l'enfant la ressent vite, il la fait sienne d'une façon ou d'une autre. Pour d'autres, c'est l'entrée même dans la parentalité qui entraîne des peurs très personnelles qui se répercutent sur l'enfant en créant de l'angoisse.

La première qui me vient à l'esprit, car elle me paraît très contemporaine, est la peur de mal faire, d'être des parents incompétents. Je rencontre nombre de jeunes parents qui l'éprouvent et sont dans une incertitude constante sur ce qu'ils doivent faire ou ne pas faire avec leurs enfants. Bien sûr, il est utile de réfléchir à la manière dont on veut aborder l'éducation d'un enfant. Chaque parent est différent, chacun arrive avec sa propre histoire, ses références éducatives qui lui viennent des générations précédentes. L'échange des parents sur ces questions est riche et passionnant. Mais il ne s'agit pas de cela. Les parents que je rencontre sont avant tout pris par la peur de ne pas être les parents idéaux qu'ils rêvent d'être. Une idée de performance se profile derrière leurs interrogations, et c'est ce qui me paraît dangereux pour leurs enfants et susceptible de nourrir chez eux pas mal d'angoisse. Car qui dit parent idéal dit enfant idéal, ce qui est une rude tâche pour tous...

Jamais, je crois, l'enfant n'a été aussi idéalisé qu'il ne l'est aujourd'hui. Cela s'explique par la diminution du nombre d'enfants par famille dans les sociétés modernes, qui les rend « rares et précieux ». Il n'y aurait qu'à s'en réjouir si cela n'entraînait pas des attentes démesurées, irréalistes. Tous les parents qui vont avoir un enfant rêvent le plus naturellement du monde à ce qu'il sera, à ce qu'il pourra devenir. Ils ont, avant sa naissance, des rêves plein la tête – le rêve d'un enfant qui ne leur apportera que d'immenses satisfactions. Or aujourd'hui, tout les pousse à retarder de plus en plus loin l'épreuve de réalité : le rêve de l'enfant idéal se prolonge alors que l'enfant est là, bien en chair et en os. Chaque jour, dans les journaux, à la télévision, les publicitaires utilisent pour vendre leurs produits des enfants beaux, malicieux et bien plus futés que leurs pauvres parents... À un moment ou à un autre, l'enfant fait irruption dans sa réalité, avec toutes ses imperfections, ses bonnes et ses mauvaises surprises – mieux vaut s'y préparer.

Quand arrivent les premières désillusions, les parents, qui ont tant rêvé, se demandent ce qu'ils ont bien pu faire de mal pour en arriver là, se culpabilisent ou, pis, dépriment, ce qui provoque chez leur enfant, à son tour, culpabilité et angoisse.

Les parents d'Anatole, quatre ans, sont désemparés par les fréquentes colères de ce petit garçon qui, dans mon bureau, n'a pas l'air très inquiétant. Ils sont d'autant plus désemparés que, me disent-ils, « ils ne voient pas ce qu'ils ont pu faire de mal »... Ils m'expliquent que leur fils ne manque de rien, ce dont je ne doute pas, qu'ils s'entendent bien, que leur vie en dehors de leur travail respectif est entièrement consacrée à ce fils unique, « à qui ils ne refusent rien ». Les colères d'Anatole surviennent le soir au moment du coucher et leur soirée est presque entièrement occupée à le calmer puis à l'endormir.

Quelques entretiens avec Anatole et ses parents leur permettent de comprendre qu'effectivement ils ne font rien de mal, qu'Anatole n'est pas malade, mais qu'il est un petit garçon de quatre ans tourmenté, comme tous les enfants de son âge, par des sentiments très ambivalents par rapport à ses parents et que ses colères expriment sa détresse à ne pas comprendre toutes ses contradictions intérieures. Anatole n'a pas besoin que l'on cède pour autant à tous ses caprices. Il attend que ses parents l'aident par la parole à surmonter ces moments de frustration nécessaires et structurants et lui posent des limites qui, loin de le brimer, l'aideront à grandir...

Les enfants passent nécessairement par des moments de turbulence et doivent parfois faire face à de vraies difficultés dans leur vie amicale ou scolaire, par exemple. Ils attendent alors que leurs parents les soutiennent, plutôt que d'ajouter leur peur et leur angoisse aux leurs ! Les difficultés scolaires des enfants, par exemple, inquiètent parfois démesurément leurs parents, même si elles ne sont que passagères. Et parfois ce ne sont pas vraiment des difficultés, mais de simples fléchissements qui, bien sûr, méritent qu'on s'interroge, qu'on en parle avec l'enfant, mais sans projeter pour autant des peurs sur son avenir, comme si tout se jouait sur un carnet scolaire ! L'enfant n'entend que cette peur de ses parents, elle l'envahit à son tour, il l'absorbe et, perdant de plus en plus confiance en lui, s'enferme dans une spirale d'échec.

Les parents que j'ai interrogés pour essayer de comprendre le sens de leur forte angoisse par rapport à la vie scolaire de leurs enfants avaient tous eu, vis-à-vis de leur propre scolarité, des émotions fortes : soit un immense plaisir dans la réussite, qu'ils désespéraient de faire partager à leur enfant, soit un sentiment d'ennui, de contrainte, voire d'échec qu'ils redoutaient de revivre par enfant interposé. Pour tous, le premier faux pas dans la scolarité de l'enfant avait sonné l'alerte et pris une allure dramatique qui aurait pu être évitée. « Quand il est là à me regarder comme si je lui parlais chinois, je me dis c'est pas possible, il le fait exprès, j'explose... », me dit cette mère super diplômée à qui je déconseille vivement de continuer à faire travailler son fils de dix ans, qui a du mal à suivre tranquillement son CM2 et pour qui les devoirs du soir sont devenus une vraie souffrance ! En ne réussissant pas en classe, ce garçon met sa mère en échec, ce dont elle n'a pas l'habitude, et l'interroge douloureusement sur ses capacités à être une mère « compétente ».

Les parents d'Olivier sont, quant à eux, consternés par les difficultés de leur fils. Il est toujours passé de justesse dans la classe supérieure, mais, cette fois, le conseil de classe a tranché : Olivier devra refaire son année de quatrième. Rien de vraiment dramatique en soi, car le garçon a quelques mois d'avance et cette année perdue ne semble pas bien grave. Mais, chez son père, ce redoublement a une résonance angoissante, car lui-même a redoublé deux classes et, s'il a réussi à avoir une situation tout à fait honorable, c'est sans faire d'études et, dit-il, « en galérant beaucoup ». « Mais bon, mes parents ne s'occupaient pas de nous, ils étaient commerçants et n'avaient pas le temps, ce n'est vraiment pas le cas d'Olivier », ajoute-t-il ; lui aussi se demande ce qu'il a bien pu « mal faire » pour qu'Olivier se trouve en difficulté.

Ces parents pris dans leurs propres tourments n'aident pas leurs enfants à surmonter ces moments difficiles pour eux et alimentent sans le vouloir une logique d'angoisse.

La peur des conflits

Accepter d'être détesté un moment, voilà qui n'est facile pour aucun parent. Malheureusement, la peur de mal faire s'associe à une autre peur parentale : celle de faire face aux conflits.

On sait bien que le développement de l'enfant procède par étapes et que chacune est faite du plaisir de découvrir de nouveaux horizons, tout en renonçant à d'autres. Les enfants entre trois et cinq ans, comme Anatole, doivent, par exemple, comprendre qu'entre leur monde imaginaire et la réalité extérieure il peut y avoir des décalages douloureux. Ils doivent apprendre à différer leurs exigences, à supporter l'attente, car leur désir se nourrit de cette attente qui est structurante pour eux et les aide à grandir ; ils doivent accepter surtout de n'être pas l'unique objet de désir de leur mère... Cela ne se fait pas sans cris, sans colères, grosses ou petites, sans opposition. Les parents, plutôt que de chercher ce qu'ils ont pu faire de mal, devraient s'efforcer de les soutenir, par la parole, dans ce travail de désenchantement, sans avoir peur des conflits et des moments d'opposition.

Or nombreux, encore aux prises avec leurs propres angoisses d'enfants ou fatigués par les contraintes de leur vie quotidienne, baissent les bras et préfèrent tout plutôt que le conflit. Ils répondent aux demandes de leur enfant au pied de la lettre, de façon concrète. Celui-ci n'est pas pour autant satisfait puisqu'il demande en fait autre chose, qu'il ne sait pas forcément lui-même. On nage alors en plein malentendu, rien ne s'apaise, surtout pas les enfants que toute cette incompréhension angoisse et qui expriment leur anxiété par toutes sortes de symptômes.

Virgile a cinq ans. Il est en grande section de maternelle et l'école a alerté ses parents sur sa très grande agitation en classe. Cela ne les a guère surpris, car Virgile est aussi difficile à la maison : il est incapable de tenir en place, même le temps d'un court repas, et n'en fait qu'à sa tête. L'école leur a conseillé de consulter un pédopsychiatre qui a écarté l'hypothèse d'un trouble d'hyperactivité, a reconnu une anxiété diffuse et me l'a adressé avec ses parents pour une psychothérapie.

Il est apparu lors de nos différents entretiens que, ayant connu des situations familiales difficiles dans leur enfance, aucun des deux parents n'osait, ou ne pouvait, se mettre dans une position parentale claire : on nageait en pleine confusion. Virgile ne pouvait pas sentir de référents solides capables de contenir ses angoisses, car sa mère, le vivant comme un prolongement d'elle-même, ne l'aidait pas à s'autonomiser, au contraire. Tandis que son père, lui-même rejeté par son propre père au moment du divorce de ses parents, était encore tellement sous l'emprise de ses « restes d'enfance » non élaborés qu'il avait du mal à prendre sa place efficacement.

Les pères qui ne voient leurs enfants qu'épisodiquement, en fin de semaine ou pendant les vacances, sont souvent les premiers à avoir peur du conflit. Combien de fois ai-je entendu des phrases du genre : « Vous comprenez je le vois si peu, quand je le vois, je ne vais pas me battre... » « De toute façon, dès que j'ai le dos tourné, sa mère dit le contraire... ». Dans ce type de situations, la tentation est grande de baisser les bras, mais les effets n'en sont pas moins mauvais, car l'enfant comprend vite le parti qu'il peut tirer de cette « passivité » paternelle. Certains en profitent même pour faire du chantage affectif, auquel les parents cèdent, de peur de déplaire.

Mais il n'y a pas que les pères divorcés ou séparés qui désertent ainsi leur fonction paternelle. Les pères surmenés sont aussi fort nombreux à ne plus faire face à leurs responsabilités, redoutant qu'un conflit en famille n'achève de les épuiser... Ces pères qui, au bureau, passent leur temps à batailler durement, qui font preuve d'une énergie au travail incomparable, renoncent à la première résistance d'un de leurs enfants, celui-ci n'aurait-il que trois ans... « Je le vois si peu », me dit celui-ci, dépassé par les caprices de son fils de quatre ans qui joue les terreurs dans la cour de l'école et risque d'être renvoyé... tandis que sa femme soupire : « De toute façon, le soir il est lessivé et le week-end il dort... » Ces jeunes pères exténués ne veulent pas s'opposer à leurs enfants, ils n'aspirent qu'à la douceur de leurs câlins, au réconfort de leur sourire.

Les mères qui, par nécessité, jonglent sur plusieurs registres à la fois, me paraissent plus habiles ou plus courageuses et assument mieux les rôles plus ingrats : dire non, poser des limites, exiger un travail bien fait, refuser une autorisation de sortie... Mais elles aimeraient être plus épaulées dans leur fonction parentale, surtout quand leurs enfants grandissent. Elles ont raison, car, lorsqu'arrive l'adolescence, la peur des conflits a des effets encore plus toxiques : pour conjurer leur peur de n'être pas autonomes, avoir une preuve de leur capacité à être différents, les adolescents cherchent à s'opposer à leurs parents. « Il est dans la provocation permanente, c'est épuisant », me dit ce père en parlant de son fils de dix-sept ans qui vit une adolescence un peu tumultueuse et a adopté un look piercing qui le désespère. C'est juste : les adolescents peuvent être très fatigants et on peut légitimement être exaspéré... et le leur faire savoir !

Et tant pis s'il y a du conflit ou plutôt tant mieux, car, même si cela ne va pas forcément changer le cours des choses dans l'instant, l'adolescent, tourmenté par ses difficultés à accomplir un travail de séparation qui lui coûte, trouvera un motif légitime de détester ce parent-là, à ce moment-là, et cela l'aidera à avancer. Les adolescents ont besoin de faire face à des adultes qui savent adopter des positions claires (bien entendu, sans tomber dans un autoritarisme idiot et délétère). Le flou dans lequel les plongent des réponses parentales incertaines ne les rassure ni sur leurs interlocuteurs, ni sur eux...

Ce qui est particulièrement compliqué pour les adolescents, c'est que leurs parents, au lieu d'assumer la confrontation, se découragent et baissent les bras ou se dépriment. Cela accentue une culpabilité déjà vive et parasite le travail de prise de distance nécessaire. L'adolescence est vraiment un moment où il faut savoir éviter les petites phrases bien culpabilisantes du style : « Quand je pense à tout ce que j'ai fait pour toi ». Dans le même esprit, il faut se garder d'entendre le désir d'indépendance comme des menaces d'abandon insupportables. C'est une vraie chance pour l'adolescent d'avoir la liberté de se confronter à ses parents sans risquer de les déprimer...

Ella a quinze ans. Ses parents ont divorcé quand elle avait quatre ans et elle vit chez sa mère et son beau-père, avec deux petits frères. Elle a toujours vu régulièrement son père, qui n'a jamais déserté son rôle, d'autant qu'il n'a pas d'autres enfants. Il s'est même beaucoup occupé d'elle, s'arrangeant pour être disponible aussi souvent que nécessaire. Or, voilà que sa fille est de plus en plus réticente à venir chez lui et se débrouille pour avoir toujours quelque chose à faire quand ils devraient se voir. Le père d'Ella est désolé, ce qu'on peut comprendre, mais il se déprime, vivant cet éloignement de sa fille comme une trahison et un abandon.

J'ai pu lui faire comprendre que le désir d'Ella de s'éloigner de lui était naturel : leur tête-à-tête ne pouvait pas la satisfaire dans ce moment d'adolescence, mais cela ne remettait pas en cause la qualité de leurs relations ultérieures, car les liens qu'ils avaient tissés jusque-là étaient tendres et solides. Il fallait simplement qu'il accepte de maintenir le dialogue malgré les silences plein d'opposition, de ne pas céder au chantage affectif et, aussi, de tomber du piédestal sur lequel, enfant, Ella l'avait installé.

Françoise Dolto, souvent un peu provocatrice, pensait que c'était quand les enfants trouvaient leurs parents parfaits qu'il fallait s'inquiéter... Pour poursuivre leur route, les adolescents ont besoin de cette prise de distance qui permet un jugement critique, de cette dés-idéalisation des figures parentales. Cela devrait rassurer tous les parents désireux de si bien faire ! Les parents intouchables car si ouverts, compréhensifs et ayant toujours réponse à tout ne sont pas forcément ceux qui aident à grandir : tant de perfection musèle les enfants.

Il n'y a pas de parents parfaits et il n'y a pas d'enfants parfaits non plus. Il est donc important de s'opposer à ses enfants quand le besoin se présente et d'accepter de leur déplaire. Dans un climat affectif d'amour et de tendresse, ils supportent parfaitement les conflits. Ils se construisent aussi quand une résistance s'oppose à eux, à condition de comprendre pourquoi.

La peur des maladies de l'adolescence

Les parents sont très informés des processus de développement de l'enfant et de l'adolescent et c'est un grand bien pour tous. Mais, pour quelques-uns, l'information recueillie à travers des lectures, des émissions de télévision ou de radio, des conférences, fait naître de l'inquiétude. Le phénomène est particulièrement frappant en ce qui concerne les « pathologies » dont on parle le plus couramment : les troubles alimentaires ou les états dépressifs, par exemple.

Les parents intéressés – à juste titre – sont dans une recherche, une attente du signe qui pourrait leur montrer qu'ils ont eu raison de s'inquiéter et que « ça y est, on est en plein dedans », comme disait une mère qui m'interrogeait sur les symptômes d'un état dépressif. En réalité, sa fille de seize ans passait par des moments de morosité et de bouderie assez classiques à cet âge qui lui faisaient croire qu'elle était malade.

S'il est bon que les parents soient à l'écoute de ce que leur disent leurs enfants, si l'on comprend facilement qu'ils soient perdus devant les détours pas toujours simples de leurs échanges, poser sur eux un regard *a priori* chargé d'interrogations angoissées ne me paraît pas sans danger. J'ai rencontré plusieurs adolescents qui se plaignaient de ce que leurs parents les harcelaient sur leur état psychologique, soupçonnant qui une anorexie, qui une dépression, et que ces questions anxieuses finissaient par déstabiliser. L'angoisse de leurs parents, là encore, ne faisait qu'ajouter à la leur, nourrie par toutes les incertitudes de cette étape de leur développement.

Marco, seize ans, vient ainsi me voir avec sa mère terriblement angoissée par sa perte de poids et qui consulte tous azimuts pour savoir s'il ne serait pas gravement anorexique. Ce garçon avait depuis l'enfance une surcharge pondérale, « comme toute ma famille », me dit-il, et il a décidé de se prendre en main et de faire un régime. Il a une allure tout à fait normale et sa minceur n'a rien d'une maigreur anorexique. Il est fier d'être arrivé à perdre du poids et considère que la confiance en lui que cela lui a donné a amélioré ses rapports avec les autres. Sa mère n'est pas d'accord et refuse de l'écouter : son fils ne mange pas assez et va sûrement tomber malade.

La tension est très forte entre eux et chacun essaie de me prendre à témoin de la « folie » de l'autre. Si je suis bien sûre que ni l'un ni l'autre ne sont fous, je m'inquiète de l'angoisse de cette mère qui, en présupposant que son fils souffre d'anorexie mentale, fait une fixation sur son comportement alimentaire, ce qui risque de l'entraîner sans le vouloir dans une spirale dangereuse. De la même façon, dire d'un adolescent qui passe par des moments de tristesse ou qui a un passage à vide au lycée qu'il est « en pleine dépression » n'est pas sans risque : cela peut lui donner, dans ce moment de quête d'une identité, une occasion de s'identifier à l'image d'adolescent « malade » que l'adulte lui renvoie.

Certes, il n'est pas toujours facile de savoir à quel moment il faut s'inquiéter, d'autant que, à l'adolescence, la frontière entre le normal et le pathologique est mince. L'humeur de l'adolescent est fluctuante, il passe par des hauts et des bas ; c'est donc la permanence d'un comportement à problème ou son côté systématique qui doivent alerter. Une chose est de traverser quelques jours d'humeur sombre, et une autre de rester plusieurs semaines avec des idées noires, sans envie et replié sur soi-même ; une chose est de vouloir perdre quelques kilos, en reconnaissant que l'on fait un régime, en étant capable d'en rire et de craquer de temps à autre, une autre de s'enfermer dans des contraintes alimentaires qui ne tolèrent aucune réflexion, aucun contrôle extérieur, avec des rites et une obsession de la nourriture totalement envahissants. Dans le doute, les parents peuvent parler avec un spécialiste qui, en les entendant, saura s'il y a lieu de s'inquiéter ou non et souvent les soulagera en leur montrant qu'ils ne sont pas forcément coupables d'être de mauvais parents...

La peur de vieillir

Il est mal vu de vieillir ! Passé cinquante ans, difficile de changer de travail, de refaire sa vie, pour une femme tout du moins. Les médias nous renvoient l'image d'une société à la jeunesse éternelle, pleine de jeunes gens dynamiques et de jeunes femmes aussi belles qu'intelligentes, sans rides et sans traces de fatigue malgré les journées harassantes qu'elles sont supposées assumer. Des trentenaires se retrouvent pour chanter ensemble les comptines de leur enfance en suçant des Chupa chup et Casimir est leur héros comme quand ils avaient cinq ans. Les couples se forment, mais décident rarement d'avoir un premier enfant avant trente ans. C'est souvent l'arrivée de cet enfant qui les fait sortir de cette adolescence qui n'en finit plus de finir ! Mais les enfants, tant qu'ils sont petits, donnent encore des occasions de régression dont ils ne se privent pas. Quand ils grandissent, les choses se compliquent ; à l'adolescence, n'en parlons pas : cette image d'enfant pubère leur signifie clairement que leur propre adolescence est loin et les inscrit de plain-pied dans la maturité. C'est là que la peur de vieillir vient gâcher la vie de quelques-uns, parents et enfants.

C'est ce que regrette Sophie, seize ans, qui ne supporte pas le comportement de sa mère quand elle invite des amis à la maison : « Elle reste là à se faire remarquer pour que tout le monde s'intéresse à elle, c'est pathétique », dit-elle tristement. Le comportement de sa mère qui, sans le vouloir, se met dans une position de rivalité vis-à-vis d'elle, sème en elle du trouble et de la peur : trouble de voir sa mère dans une attitude de séduction vis-à-vis des amis et peur de n'être pas à la hauteur. Même gêne dans les propos de Stéphane, quinze ans, qui fait la tournée des boîtes de nuit avec son père et compare avec lui ses conquêtes : « Il n'y a que lui pour croire qu'il a toujours vingt ans, par moments, c'est grotesque et, par moments, ça me fait rire. » Là encore, la rivalité est patente et fort le sentiment d'infériorité que cela crée chez le fils.

Ces comportements décalés révèlent des adultes qui tentent de lutter contre l'évidence du temps qui passe, comme des enfants à qui l'on n'a pas posé suffisamment de limites et qui restent dans la toute-puissance, faisant fi du réel. Ils rejettent l'épreuve de réalité qui leur fait peur et vivent dans l'illusion. Les enfants, qui ne sont pas dupes des peurs de leurs parents, n'ont pas de quoi être rassurés, d'autant que le flou générationnel est un facteur d'anxiété important. Au sortir de la phase œdipienne, l'enfant se construit à partir de la reconnaissance de la différence des sexes et des générations. Ayant intégré l'image du couple parental, il s'inscrit dans une lignée où les places ne sont pas interchangeables, où chacun est reconnu à la fois comme différent et complémentaire. Il faut d'ailleurs souvent le lui rappeler ; c'est le père, quand il assure sa fonction paternelle, qui est le mieux placé pour lui faire passer le message. Quand les adultes se comportent avec leurs enfants comme de vieux adolescents, ils ne signifient guère quelle est la place de chacun et montrent des faiblesses évidentes dans la construction de leur propre personnalité. Or, les adolescents, quels que soient les paradoxes qu'ils expriment, recherchent des adultes solides auxquels se référer, bien campés dans leur génération et en paix avec leurs fantasmes d'adolescents. Il n'y a pas de symétrie dans la relation parents-enfants. En réalité, c'est la marche générationnelle qui nous sépare qui permet de transmettre ce que l'expérience nous a appris tout au long de notre vie. Mais pour transmettre, encore faut-il avoir suffisamment confiance en soi, en sa capacité à être un parent « suffisamment bon », pour reprendre l'expression de Winnicott.

Peur de vieillir, peur d'être parent : ces peurs, souvent étroitement liées, entament largement la confiance que les enfants mettent en leurs parents et hypothèquent la confiance qu'ils auront en eux-mêmes. Loin de ces peurs, la parentalité est une belle aventure qu'il faudrait tenter avec audace et modestie : librement, en se faisant confiance, mais en sachant que là plus qu'ailleurs, et pour le grand bien de tous, la perfection n'existe pas ! Et si l'on doute toujours on peut se rappeler les propos de Boris Cyrulnik : « Un enfant n'a jamais les parents dont il rêve. Seuls les enfants sans parents ont des parents de rêve [1]. »

1. Boris Cyrulnik, *Les Nourritures affectives*, Odile Jacob, 1993.

10

Quelles approches thérapeutiques ?

Si la peur est une émotion utile et nécessaire, au même titre que la douleur, en agissant comme un signal suscitant une réaction de défense et de protection, trop de peur devient une gêne et peut nécessiter une aide extérieure.

Les enfants et les adolescents passent par des moments où certaines peurs sont très présentes. On l'a vu, les phobies de l'enfant, entre trois et six ans, s'inscrivent le plus souvent dans un fonctionnement psychologique sain, mais expriment la difficulté que l'enfant ressent à assumer des conflits liés à des sentiments ambivalents vis-à-vis de ses parents, qui le troublent et qu'il a du mal à saisir. Les réactions phobiques de l'adolescent du fait du bouleversement pubertaire sont une façon de concrétiser, d'extérioriser toutes ces peurs internes plus ou moins conscientes qui le tourmentent et le menacent. De même, les rites et les « manies » peuvent être des aides précieuses pour conjurer l'angoisse qui plane, angoisse de séparation du petit enfant à l'heure de se coucher, par exemple, qui ne sera tranquille que si on lui donne un verre d'eau, son « doudou », et si la porte est entrouverte sur le couloir éclairé...

Mais les phobies peuvent prendre des tournures beaucoup plus invalidantes et les « manies » s'imposer de façon obsédante, sans laisser le choix d'y satisfaire ou non.

Lorsque l'angoisse est si forte que l'enfant ne veut plus quitter sa maison pour aller à l'école, qu'il a mal au ventre chaque jour à l'idée de réciter une leçon, que celle-là ne veut plus prendre le métro de peur d'avoir un malaise, que cet autre passe des heures à se laver les mains ou à vérifier ses cours, l'angoisse chevillée au corps, une aide extérieure est utile pour soulager la souffrance, alors beaucoup trop forte.

Différentes options thérapeutiques sont possibles, qui parfois se complètent utilement.

L'approche psychothérapique de type analytique

L'approche psychothérapique de type analytique garde tout son sens malgré les apports intéressants des thérapies comportementales et cognitives qui, ces dernières années, ont démontré une grande efficacité dans le traitement de ce type de troubles.

En écoutant ses patients, Freud (1856-1939) a acquis la certitude que leurs souffrances, leur angoisse d'adultes trouvaient leur origine dans des conflits de leur petite enfance qu'ils auraient « oubliés », « refoulés », mais qui, malgré cette amnésie, seraient toujours actifs et créeraient du trouble. Il a réfléchi et théorisé à deux reprises l'origine de l'angoisse, estimant d'abord, dans ses *Trois Essais sur la théorie de la sexualité* (1905), qu'elle résultait du refoulement de la libido, puis la considérant, dans *Inhibition, symptômes et angoisse* (1926), comme un signal d'alarme qui pousse le moi à mettre en place des mécanismes de défense pour lutter contre ce qu'il ressent comme un danger.

Tout comme l'analyse, les psychothérapies de type analytique ont donc comme visée de mettre au jour des désirs inconscients, de faire des liens entre des représentations refoulées et le symptôme qui fait souffrir le sujet. On ne travaille pas que sur le présent, sur le vécu, sur le conscient.

Le levier de ce type de psychothérapie est le mouvement transférentiel vers la personne du thérapeute, qui devient un « objet d'identification » et permet une meilleure compréhension des troubles. Le thérapeute est là pour écouter, pour aider à une mise en mots, pour faire des liens, pour donner du sens à ce qui n'en a pas et pour assouplir un système de défense qui peut devenir rigide et envahissant.

Comme nous l'avons vu, chez l'enfant, la période œdipienne est propice à des conflits qui peuvent être particulièrement délicats à gérer dans la mesure où l'ambivalence qui domine les sentiments est difficilement compréhensible pour lui. D'autre part, le poids de l'environnement agit et certaines situations majorent les tourments déjà latents : un père absent ou indisponible, une mère trop complice ou sans aucune patience, des conflits conjugaux envahissants, un deuil, une maladie favorisent la montée de l'angoisse.

Les entretiens avec l'enfant et ses parents, parfois d'abord avec les seuls parents, me paraissent indispensables. Ils éclaircissent souvent des situations obscures pour ceux qui les vivent. Le thérapeute, tiers extérieur, a le recul et la neutralité nécessaires à une meilleure compréhension par tous de ce qui se vit mal au sein de la famille. Ces entretiens sont l'occasion de faire des liens entre des événements proches, mais aussi lointains, et l'angoisse actuelle. Ils permettent parfois de dire ce qui, apparaissant trop étrange ou douloureux, n'avait pu être dit. Les résonances sont fortes entre l'histoire des parents et celle de leurs enfants, entre les émotions des uns et celles des autres, même si elles sont réprimées. Sans dévoiler toujours de grands drames ou de grands secrets, il arrive parfois tout simplement que ces entretiens mettent au jour des tensions conjugales que l'enfant perçoit, même si on s'efforce de les lui cacher, dont il se sent responsable et qui l'empêchent de dormir ou provoquent ces maux de ventre ou cette peur de s'éloigner de la maison pour lesquels ses parents s'inquiètent.

Les entretiens avec l'enfant seul se font sur plusieurs modes et évoluent en fonction de son âge, de sa personnalité, de la façon dont il investit les lieux et son thérapeute. Plus il est jeune, plus il utilise des détours pour faire entendre ses peurs : dessins, modelage, jeux symboliques permettent au thérapeute d'entrer peu à peu dans un monde imaginaire, souvent peuplé de figures menaçantes qui l'angoissent, qui sinon aurait du mal à se dévoiler et qui explique en partie les réactions anxieuses exprimées. Les interprétations doivent être prudentes, progressives, proposées et non pas affirmées, pour laisser la place à l'échange. La parole du thérapeute vient dédramatiser l'agressivité, soulager la culpabilité et donc apaiser les peurs de l'enfant qui se met si souvent au centre de tout.

Dans les phobies de la période œdipienne, on repère facilement chez les enfants, à l'instar du « petit Hans » traité par Freud, combien les mécanismes de déplacement agissent : l'agressivité ressentie pour un des parents étant « impensable », elle revêt la forme d'une peur précise ; la peur d'une situation, d'un animal ou d'un objet devient alors une représentation substitutive qui permet l'élaboration et l'évolution du conflit. En séance, à travers leurs jeux ou leurs dessins, les enfants rejouent, de façon très éloquente, ces déplacements et déchargent ainsi beaucoup de leur angoisse.

Simon, qui a cinq ans, a peur de dormir seul. Il pleure beaucoup le soir au moment du coucher, se relève et vient chaque nuit dans le lit de ses parents qui perdent patience et demandent de l'aide. Simon a une sœur de deux ans et des parents unis. Son père, qui est pilote, s'absente plusieurs fois dans le mois, sa mère, qui travaille dans la même compagnie d'aviation, est en congé parental. C'est un petit garçon très doux, plutôt calme, qui a connu un développement normal et semble à l'aise dans sa classe de maternelle. Sa peur de dormir seul ou de s'endormir, qui a commencé quand il avait trois ans et demi, est liée à une forte ambivalence à l'égard de son père qui, selon une configuration œdipienne classique, est une figure très prégnante et idéalisée, mais aussi redoutée. Une rivalité certaine avec sa jeune sœur vient ajouter à la culpabilité que Simon éprouve et qui l'empêche de s'endormir paisiblement.

En séance, Simon s'occupe surtout à construire des châteaux « bien gardés », me dit-il, habités par un chevalier qui est tout seul « pour que personne l'embête ». Au fil des séances, d'autres personnages apparaissent, « des soldats » puis « un autre chevalier » : la confrontation devient possible entre les différents personnages, aidant Simon à se représenter les conflits et à surmonter sa peur.

Ces situations de peurs et de phobies n'ont pas de significations pathologiques à ce moment de la vie de l'enfant. Elles sont même structurantes pour lui, mais la façon dont les adultes les abordent est déterminante quand à leur évolution : certaines disparaissent avec le déclin de l'Œdipe, d'autres, au contraire, se fixent et ont un destin plus complexe, l'enfant trouvant dans sa phobie des bénéfices secondaires qu'il répugne à abandonner. En apaisant l'angoisse, en mettant en évidence ces bénéfices secondaires qui sont toujours le pendant d'une phobie, le thérapeute aide les parents à aborder plus sereinement et clairement les situations pour éviter qu'elles ne s'enkystent.

Si dessins et jeux occupent une place prépondérante dans les séances des petits, les enfants plus grands, en période de latence, préfèrent souvent faire le récit d'un quotidien qui les captive, parler des amitiés, des disputes à l'école ou à la maison avec les frères et sœurs, des injustices du professeur ou des énervements des parents. Ils aiment qu'on s'intéresse, qu'on s'interroge, qu'on compatisse, qu'on s'indigne, qu'on rie ou qu'on s'attriste avec eux. L'empathie permet les mouvements transférentiels et contre-transférentiels nécessaires à l'avancée de la thérapie. Au fil des séances, les liens de confiance se tissent, on prend son temps dans une vie parfois mouvementée où tout se vit en accéléré. Le thérapeute, dans son cadre, immuable, devient une référence stable dans ces moments de grande turbulence où il arrive que les figures parentales soient imprévisibles : « Je sais que je ne suis plus seule », me dit cette enfant de dix ans qui a le plus grand mal à s'éloigner de chez elle où le climat familial est instable depuis plusieurs mois. Pour ces enfants, la permanence du lien, pendant le temps de la thérapie, est importante, rassurante. Elle permet d'affronter les contraintes de la vie extérieure avec plus de calme et de vigueur et d'accepter plus sereinement les imperfections des uns et des autres. Accompagner les enfants jusque chez le thérapeute permet aussi à certains parents de créer des rites apaisants et structurants, de renouer des liens : « Quand on vient chez vous, rien que tous les deux, on en profite pour acheter un bon goûter et on parle », dit cette mère qui, depuis quelques mois, dépose chaque semaine son fils de huit ans.

Avec les adolescents, les besoins d'identification sont forts et les mouvements transférentiels et contre-transférentiels importants. L'adolescent a besoin d'échanges, il a presque toujours du mal à mettre des mots sur ses émotions. Annie Birraux parle très bien de cette spécificité de la cure adolescente : « Si nous tentons de définir la spécificité de la thérapie des adolescents par rapport à celle des adultes, nous sommes sollicités par deux images : celle du sujet qui n'a pas les mots pour dire ses représentations et ses éprouvés ;

celle du sujet oscillant entre le rêve et l'action, entre la submersion par le fantasme œdipien ou la fuite de l'acte incestueux. La spécificité de la thérapie de l'adolescent tient alors à une modeste finalité : permettre au sujet d'assumer l'inquiétante poussée de ses désirs et lier, à sa place, ce qui menace de se morceler ; secondairement, lui permettre de mettre des mots sur ses symptômes pour qu'il les figure, pour que ceux-ci prennent sens dans son histoire particulière[1]. »

Avec l'adolescent, l'échange est absolument nécessaire ; la première mission du thérapeute est peut-être d'assurer un étayage narcissique suffisant pour éviter les risques d'effondrement. La bienveillance, qui n'a rien à voir avec la séduction, permet à l'adolescent un mouvement transférentiel positif et une identification solide et rassurante, ce qui lui fait souvent cruellement défaut. S'il faut fixer un cadre – horaires, rythme des séances –, on peut aussi faire montre de souplesse et résister à l'agressivité qui s'exprime dans les « écarts » fréquents, qui sont aussi une façon de mettre à l'épreuve la solidité du lien : « Vous ne voudrez plus de moi », me dit Jeanne, qui doute profondément d'elle-même, a peur de beaucoup de choses et surtout de la réussite, et qui, à un moment de sa thérapie, « oublie » son rendez-vous, se trompe d'heure ou arrive en retard.

Les échanges entre le thérapeute et l'adolescent, dans un climat de respect mutuel et de confiance, permettent à celui-ci d'avoir, peu à peu, une meilleure perception de son monde interne, une plus grande maîtrise de ses conflits et un regard différent sur ses symptômes.

1. A. Birraux, *Éloge de la phobie*, *op. cit.*, p. 247.

Les thérapies cognitives et comportementales

Issues de la psychologie expérimentale, les thérapies cognitives et comportementales, qui se sont surtout développées en France ces dix dernières années, apparaissent souvent comme des réponses thérapeutiques intéressantes pour traiter les troubles anxieux en général, ceux de l'enfant et de l'adolescent en particulier.

Les travaux de Pavlov sur le « conditionnement » dit « conditionnement classique » sont le point de départ de ces thérapies fondées sur « les théories de l'apprentissage ». À partir de la réaction de salivation d'un chien, Pavlov a démontré qu'en associant, de façon répétée, un stimulus inconditionnel (la nourriture) à un autre stimulus conditionnel (un son), on pouvait obtenir la réaction de salivation en l'absence du stimulus inconditionnel. Cependant, cette réponse est temporaire et disparaît en l'absence de renforcement, c'est-à-dire d'une association renouvelée des deux stimuli. C'est le phénomène de l'extinction.

À sa suite, Watson, en 1913, a considéré que la psychologie est une science qui repose sur des faits observables et que le comportement humain se construit par des apprentissages successifs. Il a ainsi démontré qu'une phobie d'enfant se conditionne en créant chez le petit « Albert » la phobie d'un rat blanc. Pour ce faire, il a associé la présence de l'animal, dont l'enfant n'avait pas peur au départ, à un bruit désagréable qui lui faisait peur ; même en l'absence de bruit, l'enfant, soumis à des associations répétées, avait ensuite peur du rat blanc.

Skinner, dès la fin des années 1930, a tiré de ses expérimentations une deuxième loi d'apprentissage des comportements, dite loi « de conditionnement opérant » : le sujet modifie un comportement en fonction des conséquences de son action. Une action qui a des conséquences positives tend à se répéter (renforcement positif) ; à l'inverse, devant les conséquences négatives d'une action, l'organisme a tendance à émettre des comportements d'évitement pour échapper aux désagréments (renforcement négatif).

Enfin, Bandura, en 1977, a complété ces observations intéressantes en montrant toute l'importance de l'apprentissage par imitation de modèles (*modeling*) qui intervient particulièrement dans l'apprentissage social.

Sur le plan thérapeutique, les théorisations de Beck (1970) mettent en évidence l'importance d'un système de croyances (cognitions) qui orienteraient le traitement de l'information. Des dysfonctionnements dans ces cognitions (dysfonctionnements cognitifs) seraient à l'origine des comportements inadaptés.

Contrairement aux psychothérapies analytiques, les psychothérapies comportementales et cognitives travaillent sur « l'ici et maintenant », sur la résolution d'un problème concret par une collaboration étroite avec le patient, considéré comme un partenaire actif qui doit être en mesure de déterminer, avec son thérapeute, les changements qu'il souhaite apporter au comportement défini par le thérapeute comme le « comportement problème ».

Pour en arriver là, le thérapeute doit recueillir un maximum d'informations dans un entretien directif qui est souvent complété par des questionnaires à remplir par le patient et, lorsqu'il s'agit d'enfants et d'adolescents, par la famille et l'institution scolaire. Au terme de ce travail de recueil de l'information qui peut prendre plusieurs séances et qu'on appelle « analyse fonctionnelle », le thérapeute définit, propose et explique au patient les stratégies thérapeutiques qu'il envisage et les objectifs à atteindre dans le cadre de ce « contrat thérapeutique ».

Dans les troubles anxieux de l'enfant et de l'adolescent, notamment les phobies et les TOCS qui nous intéressent, plusieurs techniques sont utilisées. Christine Mirabel-Sarron et Luis Vera[1] en ont défini trois grandes familles : les techniques de relaxation, les techniques d'exposition et les techniques d'affirmation de soi.

Dans ce contexte thérapeutique particulier, la relaxation, quelle que soit la méthode employée, est là pour aider le patient à contrôler l'état de stress et de tension qui accompagne son anxiété. L'apprentissage se fait sur plusieurs séances et le patient s'entraîne de son côté pour être capable de dominer la situation quand il est seul. C'est une étape initiale qui précède « l'exposition ». Celle-ci peut se faire en imagination, c'est ce que l'on appelle la « désensibilisation systématique », ou dans la réalité sous la forme d'« exposition graduée », d'« exposition avec prévention de la réponse », d'« implosion » ou enfin d'« immersion ». Sans entrer dans les détails de ces techniques, il s'agit pour le patient, préalablement relaxé, d'affronter en imagination, puis dans la réalité, parfois d'emblée dans la réalité, la situation qui provoque l'angoisse.

La désensibilisation systématique est très utilisée et efficace dans les phobies de l'enfant et de l'adolescent. Ainsi, pour un adolescent agoraphobe qui ne prend plus les transports en commun, le thérapeute, après lui avoir appris à se relaxer, prévoit avec lui une hiérarchie des situations susceptibles de déclencher de l'anxiété : par exemple, sortir dans la rue, se diriger vers la station de métro, descendre l'escalier, composter son ticket, arriver sur le quai, etc. Cette

1. Christine Mirabel-Sarron, Luis Vera, *L'Entretien en thérapie comportementale et cognitive*, Dunod, 1995.

hiérarchie établie, le thérapeute évoque devant le patient allongé en état de relaxation les différentes scènes et le patient évalue son état d'anxiété. Tant que la tension anxieuse est élevée, le thérapeute recommence l'évocation, avant de passer à la scène suivante. De la même façon, un enfant qui refuse d'aller à l'école, par exemple, imagine qu'il fait son cartable, se trouve sur le trajet de l'école, arrive devant l'école, passe la porte, arrive dans la cour, etc.

Les techniques de relaxation et donc la désensibilisation systématique ne sont guère accessibles avant l'âge de six ans, les enfants plus jeunes ayant du mal à rester détendus et sans bouger suffisamment longtemps. C'est aussi vers cet âge que peuvent être abordées des techniques d'« affirmation de soi », très intéressantes dans la prise en charge des « phobies sociales », qu'il s'agisse de timidité ou d'inhibitions plus franches dans la relation aux autres.

Ces techniques se pratiquent en individuel, mais le plus souvent en groupe. Des jeux de rôles aident le jeune patient à affronter des situations qui sont pour lui source d'angoisse : entamer une conversation, répondre à une moquerie ou à une critique, prendre la parole devant plusieurs personnes, faire un compliment, refuser une proposition, réciter une poésie, autant de scènes qui ne posent aucun problème à certains, mais qui provoquent de grandes peurs chez d'autres. L'enfant, en regardant « le modèle », va apprendre toutes ces stratégies de réponses qui lui font défaut, entravent sa communication sociale et le pénalisent parfois lourdement dans sa vie affective et scolaire.

Pour la prise en charge des TOCS, relaxation et désensibilisation avec prévention de la réponse sont une aide efficace. Un patient qui aurait, par exemple, très peur des microbes, de la saleté, de la poussière va être amené peu à peu à différer le moment où il se lave les mains, l'attente devenant au fur et à mesure des séances et de la baisse de la tension anxieuse de plus en plus longue. Il arrive que des médicaments soient prescrits à l'enfant. Si cela peut être utile temporairement, cela doit s'accompagner d'une prise en charge psychothérapique individuelle.

Sans directement travailler sur le comportement, on peut aussi avoir une démarche « cognitive » et se pencher sur le mode de pensée, sur les croyances qui, on l'a vu, peuvent être biaisées. « Je me dis que si je suis stressée, si je me prépare au pire, au moins je le vivrais mieux », me dit une étudiante de vingt-deux ans qui rend un mémoire de maîtrise dans la douleur, les pleurs et le sentiment cruel d'être incapable d'y arriver. Cette jeune fille ne se rend pas compte que tous les scénarios catastrophes qu'elle élabore pour se protéger d'un éventuel danger occupent beaucoup de son énergie psychique, de ses pensées et l'empêchent d'être disponible à une réflexion intellectuelle nécessaire à son travail. Ils la projettent dans une vision négative des événements qui, du coup, lui apparaissent très menaçants. En lui montrant que ces « superstitions », comme elle les nomme, loin de la protéger, lui font du mal, et en l'aidant à se projeter dans l'avenir autrement, dans des perspectives positives, elle a pu se mettre à son travail avec moins de peur et d'angoisse.

Loin des querelles de chapelle entre analystes et comportementalistes, il me semble que ces approches psychothérapiques radicalement différentes peuvent être complémentaires.

Psychologue clinicienne, de formation analytique, je trouve parfois intéressant de conseiller à de jeunes patients, très entravés dans leurs relations sociales, de participer par exemple à un groupe d'affirmation de soi où les jeux de rôles seront l'occasion d'être à l'épreuve de leur peur, directement. Cela n'empêche pas la poursuite d'entretiens cliniques qui les aident à une meilleure compréhension d'eux-mêmes. Pour d'autres, aux prises avec des attaques de panique très invalidantes ou une agoraphobie qui perturbe considérablement leur vie quotidienne, la relaxation est un précieux complément aux entretiens qui peuvent rester très « classiquement » analytiques, avec tout l'intérêt que cela représente. Dans les prises en charge d'adolescentes anorexiques, totalement envahies par la peur de se nourrir, de grossir, et qui, dans leur résistance aux traitements, renvoient les thérapeutes les plus chevronnés à leurs limites, des approches thérapeutiques différentes et complémentaires sont loin d'être inutiles.

Il me semble d'ailleurs que ces querelles sont aujourd'hui un peu dépassées et qu'il est reconnu que ces psychothérapies, à condition naturellement qu'elles soient menées par des thérapeutes honnêtes et bien formés, s'enrichissent de leurs différences et sont une chance pour les patients.

Conclusion

La peur, j'espère l'avoir bien démontré dans ce livre, est, de toutes nos émotions, sans doute la plus importante, la plus envahissante et la plus ambiguë. Bien sûr, elle peut être paralysante et dévastatrice, s'enracinant parfois dans un inconscient individuel ou familial lointain et douloureux. C'est pour cela qu'elle inquiète tant les parents quand ils la perçoivent dans le regard de leurs enfants, dans leur comportement, dans leurs blocages. Ils voudraient les en protéger toujours et partout, terrifiés parfois par les résonances qu'ils constatent en eux et qui les renvoient à leurs propres peurs passées ou présentes. Ils sont probablement renforcés dans leur souci de protection par une société très ambivalente par rapport à cette émotion, qui voudrait gommer toute trace d'inconfort, se précipite sur les pilules miracles censées effacer les souffrances les plus légitimes, à l'occasion d'un deuil par exemple, mais qui se grise aussi de grands frissons à travers des images parfois très violentes dont on protège peu les enfants...

Mais si certaines peurs sont bouleversantes et toxiques, d'autres ne doivent pas nous inquiéter quand on les repère chez nos enfants, car elles sont tout à fait nécessaires et les aident à se construire. Elles sont là pour les protéger des dangers, pour mobiliser leur système de défense, elles leur apprennent à mieux se connaître et à faire face à leurs limites, ce qui ne va pas de soi. Présente souvent sous forme de phobie tout au long du développement de la vie de l'enfant dans une fonction structurante, omniprésente encore à l'adolescence devant la turbulence des pulsions pubertaires, la peur est d'ailleurs fascinante pour les enfants, qui en jouent comme pour s'en prémunir et qui savent bien que, quand ils la surmontent, ils se sentent un peu plus grands !

Aucun enfant n'échappe à la peur. C'est ce que doivent comprendre les parents qui veulent tellement bien faire et qui pensent souvent à tort qu'ils peuvent tout maîtriser ou se sentent horriblement coupables quand leurs enfants sont en souffrance. Car la peur se nourrit surtout de leurs conflits intérieurs, de leur agressivité, de leur culpabilité, de leur désir inassouvi de régner sur leur monde. Elle se déploie avec plus de force dans les moments où l'enfant, pour avancer et continuer de grandir, doit assumer des renoncements et se soumettre à la loi symbolique : la période œdipienne, la puberté, où se signifie avec force l'interdit de l'inceste, sont ainsi les moments les plus propices à l'émergence de la peur.

Il peut arriver que la peur se complique, perdure et devienne franchement pathologique. Elle devient alors inutile et nuisible et il convient bien sûr de s'en préoccuper et de soulager la souffrance qui en découle, souffrance parfois cachée car vécue dans la honte et la peur du ridicule. Les thérapies, quelle que soit leur approche, sont des aides précieuses, efficaces, et il est dommage de ne pas y recourir quand la peur est si forte qu'elle impose sa loi et gouverne les vies.

Toutes les peurs ne se valent pas. Mais ce qui ferait vraiment peur aux enfants, c'est que les adultes que nous sommes soient eux-mêmes aux prises avec tant de peurs qu'ils en oublient d'être des adultes rassurants, capables de leur apprendre, tant qu'ils sont petits et qu'il en est encore temps, à reconnaître leurs émotions : leur joie, leur jalousie, leur tristesse et toutes ces peurs qui, dans l'enfance, sont autant de loups tapis dans les recoins de l'imaginaire.

Bibliographie

AJURIAGUERRA Julian de, *Manuel de psychiatrie de l'enfant*, Masson, 1980.

ALBERT Eric, CHNEIWEISS Laurent, *L'Anxiété au quotidien*, Odile Jacob, 1999.

BEAUMATIN Ania, LATERRASSE Colette, *L'Enfant et ses peurs*, Milan, « Les Essentiels », 1998.

BETTELHEIM Bruno, *Psychanalyse des contes de fées*, Robert Laffont, 1976 ; rééd. Poche-pluriel.

BIRRAUX Annie, *Éloge de la phobie*, P.U.F., « Le fil rouge », 1994.

BIRRAUX Annie, *Parce qu'il faut bien quitter l'enfance*, Éditions de La Martinière, 2002.

BOWLBY John, *Attachement et Perte*, P.U.F., 1978.

BRACONNIER Alain, MARCELLI Daniel, *L'Adolescence aux mille visages*, Odile Jacob, 1998.

CARBONE Geneviève, *La Peur du loup*, Découvertes Gallimard, 1991.

CARLIER Christophe, « Le conte à rebours : radiographie d'un genre », in *Les Contes et la Psychanalyse*, Centre culturel international de Cerisy, éditions In Press, 2001.

CLERGET Stéphane, *Ne sois pas triste mon enfant*, Robert Laffont, « Réponses », 1999.

COMTE-SPONVILLE André, *L'Amour la solitude*, Paroles d'aube, 1997.

CYRULNIK Boris, *Les Nourritures affectives*, Odile Jacob, 1993.

DELUMEAU Jean, *La Peur en Occident*, Fayard, 1978.

DOLTO Françoise, *La Cause des enfants*, Le Livre de poche, 1986.

FREUD Sigmund, *Essais de psychanalyse*, Petite Bibliothèque Payot, 1982.

FREUD Sigmund, *Cinq psychanalyses*, P.U.F., Bibliothèque de psychanalyse, 1954.

GEORGE Gisèle, *Ces enfants malades du stress*, Anne Carrère, 2002.

JEAMMET Philippe, *L'Adolescence*, Solar, 2002.

KELLEY-LAINE Kathleen, *Peter Pan ou l'enfant triste*, Calmann-Lévy, 1992.

KIERKEGAARD Soren, *Le Concept d'angoisse*, Librairie Félix Alcan, 1935.

KREISLER L., FAIN M., SOULE M., *L'Enfant et son corps*, P.U.F., 1981.

MIRABEL-SARRON Christine, VERA Luis, *L'Entretien en thérapie comportementale et cognitive*, Dunod, 1995.

SAUTERAUD Alain, *Je ne peux pas m'arrêter de laver, vérifier, compter*, Odile Jacob, 2000.

SEDAT Jacques, « La peur face à la psychanalyse », in *Recherches et débats*, Desclée de Brouwer, 1979.

SERVANT Dominique, *Attaques de panique et Agoraphobie*, Masson, 2001.

SPITZ René A., *De la naissance à la parole*, P.U.F., 1976.

WINNICOTT Donald W., *De la pédiatrie à la psychanalyse*, Payot, 1969.

WINNICOTT Donald W., *Jeu et réalité*, Gallimard, 1975.

WINNICOTT Donald W., *L'Enfant et le Monde extérieur*, Payot, « Sciences de l'homme », 1988.

ZLOTOWICZ Michel, *Les Peurs enfantines*, P.U.F., 1974.

Table

Introduction 9

1. Les peurs de toujours 13
La peur de la mer 13
La peur de la nuit, la peur du noir 15
La peur des éclipses 19
La peur du loup 20
La peur des monstres 23

2. Apprivoiser la peur 27

Les contes 29
Le phénomène Harry Potter 32
Les livres qui font peur 34
Jouer pour se faire peur 35
Jeux dangereux 41

3. Peurs et angoisses du petit enfant 45

La détresse du nouveau-né 46
L'angoisse du huitième mois 52
Les troubles du sommeil 55
La dépression du tout-petit 60
Les effets de la dépression maternelle 64

4. Les phobies 71

Les phobies spécifiques 72
Les phobies sociales 76
L'agoraphobie et le trouble panique 84

5. Les peurs et les phobies de la période œdipienne . . 91

Une fonction structurante 93
Cauchemars et terreurs nocturnes 97
Vers une évolution pathologique 99
L'angoisse de séparation 101
La peur de la mort 108

6. Les peurs et les phobies de l'adolescence 117

Un corps pubère, les adieux à l'enfance 117
La peur du regard de l'autre 119
La peur de l'homosexualité 124
La peur de n'être pas autonome 126
La peur de la solitude 132
La peur de l'agressivité 136
La peur d'être fou 140
La peur de ne pas réussir 141
Les phobies à l'adolescence 144
Les dysmorphophobies 145
L'hypocondrie 147
Les phobies d'impulsion 149

7. La peur à l'école 151

À la maternelle 151
À l'école primaire 156
Au collège 161

Le refus scolaire ou la phobie scolaire 164
Quelle attitude les parents peuvent-ils avoir face à un évitement scolaire ? 173

8. Phobie ou trouble obsessionnel compulsif ? 175

La saleté et la peur de se tromper 177
L'agressivité 180
Quelle frontière entre le normal et le pathologique ? . 182

9. De la peur des parents à la peur des enfants 187

La surprotection 189
La banalisation à outrance 192
La peur de mal faire 193
La peur des conflits 197
La peur des maladies de l'adolescence 201
La peur de vieillir 204

10. Quelles approches thérapeutiques ? 207

L'approche psychothérapique de type analytique . . . 208
Les thérapies cognitives et comportementales 214

Conclusion 221

Bibliographie 225

DU MÊME AUTEUR

Vos enfants ne sont pas des grandes personnes,
Albin Michel, 1999

DANS LA MÊME COLLECTION

Intelligent mais peut mieux faire
Jean-Luc AUBERT

Quels repères donner à nos enfants dans un monde déboussolé ?
Jean-Luc AUBERT

Du berceau à l'école – Les chemins de la réussite
Jean-Luc AUBERT

Mes parents se séparent – Je me sens perdu
Maurice BERGER et Isabelle GRAVILLON

Sectes, gourous, etc. – Éviter aux ados de se laisser piéger
Dominique BITON

Petite terreur ou souffre-douleur – La violence dans la vie de l'enfant
Stéphane BOURCET et Yves TYRODE

Petits tracas et gros soucis de 1 à 7 ans – Quoi dire, quoi faire
Christine BRUNET et Anne-Cécile SARFATI

Une famille, ça s'invente – Les atouts des parents, les atouts des enfants
Hélène BRUNSCHWIG

Papa, Maman, laissez-moi le temps de rêver !
Etty BUZYN

Me débrouiller, oui, mais pas tout seul !
Etty BUZYN

La Mort pour de faux et la Mort pour de vrai
Dana CASTRO

Il a du mal à l'école – Un peu, beaucoup, trop... comment l'aider
Brigitte CHEVALIER

Vos enfants ne sont pas des grandes personnes
Béatrice COPPER-ROYER

Doué, surdoué, précoce – L'enfant prometteur et l'école
Sophie CÔTE

Adolescence à problèmes – Comprendre vos enfants pour les aider
Dr Patrick DELAROCHE

Doit-on céder aux adolescents ?
Dr Patrick DELAROCHE

Parents, osez dire non !
Dr Patrick DELAROCHE

Oser être mère au foyer
Marie-Pascale DELPLANCQ-NOBÉCOURT

Parents de cœur – Comprendre l'enfant adopté
Sherrie ELDRIDGE

Blessures d'enfance – Les dire, les comprendre, les dépasser
Nicole FABRE

J'aime pas me séparer – Toutes les séparations dans la vie de l'enfant
Nicole FABRE

Amour, enfant, boulot... comment sortir la tête de l'eau
Anne GATECEL et Carole RENUCCI

Les mères qui travaillent sont-elles coupables ?
Sylviane GIAMPINO

Il était une fois le bon Dieu, le Père Noël et les fées – L'enfant et la croyance
Dominique GOBERT

Notre enfant d'abord – Du divorce à la médiation familiale
Muriel LAROQUE et Marie THÉAULT

Papa, Maman, on m'a traité de gros
Élisabeth LESNE

Tracas d'ados, soucis de parents
Pr Daniel MARCELLI et Guillemette de LA BORIE

Le Chemin de l'adoption – Le cœur et la raison
Jean-François MATTEI

Tu ne seras pas accro, mon fils ! – Peut-on éviter à nos enfants de devenir dépendants ?
Dr Jean-Claude MATYSIAK

Mon enfant me dévore
Lyliane NEMET-PIER

L'Enfant unique – Atouts et pièges
Carl E. PICKHARDT

J'suis pas motivé, je ne fais pas exprès
Brigitte PROT

Papa, Maman, j'y arriverai jamais ! – Comment l'estime de soi vient à l'enfant
Emmanuelle RIGON

Pourquoi pleurent-ils ? – Comprendre le développement de l'enfant, de la naissance à 1 an
Hetty van de RIJT et Frans X. PLOOIJ

Aidez-moi à trouver mes marques ! – Les repères du tout-petit
Michael ROHR

Toutes les questions que vous vous posez sur l'école maternelle
Nicole du SAUSSOIS

Les Risques de l'adolescence
Gérard SÉVÉRIN

Crèches, nounous et Cie – Modes de garde, mode d'emploi
Anne WAGNER et Jacqueline TARKIEL

Hors collection

Petites histoires pour devenir grand – À lire le soir pour aborder avec l'enfant ses peurs, ses tracas, ses questions
Sophie CARQUAIN

Cet ouvrage, composé
par I.G.S. - Charente Photogravure
à L'Isle-d'Espagnac,
a été achevé d'imprimer sur Roto-Page
par l'Imprimerie Floch à Mayenne,
pour les Éditions Albin Michel
en septembre 2003.

N° d'édition : 21995.
N° d'impression : 58040.
Dépôt légal : octobre 2003.
Imprimé en France.